一份值得熱愛的工作……在哪裡？

「人生學校」的職涯新提案，
錢和快樂一起賺！

A Job to Love

A practical guide to finding fulfilling work by better understanding yourself

人生學校 The School of Life——著
謝慈——譯

方舟文化

除了令人滿足的人際關係，一份自己熱愛的職業，也是實現充實人生的關鍵要素之一。不幸的是，真正了解自己，並確定應該將精力投入在哪個領域，是一項極為困難的事。

為了幫助大家脫離這樣的迷失泥淖，我們寫了《一份值得熱愛的工作……在哪裡？》，一本引導大家認識自己，打造專屬職涯藍圖的指南。

這本書盛載了我們的真誠，將用最務實的方法，在一切為時已晚之前，幫助你找到自己真正的才能，釐清混沌的渴望和心願，找到屬於自己的人生方向。

——人生學校 THE SCHOOL OF LIFE

目錄

第二章 哪些工作能讓你幸福？12個關鍵「快樂點」

第三章｜阻礙你前進的錯誤信念

第四章　如何找到長久的職業滿足感？

前言

理想的工作——不能只夢，還得想

1 真心喜愛的工作，很重要嗎？

在這個時代，人們對工作的標準，似乎已不再只是可以忍受就好，也不再願意僅為五斗米折腰。相反的，我們希望能找到使命感、歸屬感，並發揮創造力。這是多麼不容易的標準啊！然而，我們卻不覺得選擇「自己所愛」的工作有什麼好奇怪的。

我們當然可以認同這樣的期望，但同時也該認清，不應該將這件事視為理所當然，它也並非能夠輕易實現。我們很清楚，**如果想實現目標，必須投入大量的思考、時間和想像力，才能拆解其錯綜複雜的過程**。

在歷史的長河中，「我們是否熱愛自己的工作？」這個問題聽起來既可笑又怪異。人們努力耕地或放牧，在漆黑的礦坑裡勞動，或是清理貴族的夜壺——人生充滿苦痛，農奴和佃農的極少數享受、滿足感，都在工作時間之外：

可能是隔年的豐年祭，或是現年六歲的長子結婚那天。

相對應的概念則是，假如我們存到了足夠的錢，就不需要再工作。古羅馬受過教育的階級（其態度影響了好幾個世紀的歐洲主流思維）認為，所有受薪的工作都很羞辱人。因此，他們的語文裡代表「商業、生意」的字是「negotium」，字面上的意思是「無法享受的活動」。在他們心中，所謂的休閒活動，例如打獵或舉辦晚宴，才是生活唯一的快樂泉源。

金錢／自我，全都要！

到了中世紀末尾，出現了重大的變化：開始有一些人為了金錢和理想而工作。其中一位成功實踐這不尋常理想之人，便是威尼斯畫家提香（Titian）。提香在工作時沉浸於藝術創造的快樂——他描繪光線灑落在衣袖上的樣態，試圖捕捉朋友微笑背後的神祕情感；與此同時，他又非常關心自己拿到的報酬。在協商作畫的合約時，他表現得十分精明。為了提升產量（以及利潤），他建立了類似工廠的系統，每個步驟都由技術純熟的助手協助進行，例如他雇用了五位來自維洛納（Verona）的年輕人，專門繪製畫作裡的幃帳。

他首先提出了一個影響深遠的概念：「**工作不僅可以是熱愛的事，還應該是一種穩定的收入來源**」。這個顛覆性的概念最終傳遍了整個世紀，如今更躍升主流，甚至在不知不覺間影響了人們對未來的藍圖，也為無數人帶來了希望和挫敗；這其中或許包含了住在美國巴爾的摩的會計師，或是倫敦萊姆豪斯地區的遊戲設計師。

提香為現代人的心理加入了一個複雜的因子。在過去，你要不以業餘者的身分創作，單純追求成就感而非金錢；又或者只為金錢而工作，不在乎自己究竟享受與否。但隨著這種新興工作理念崛起，上述兩者都變得難以接受。

如今，我們開始要求「金錢」和「內在」的兩種需求同時得到滿足。本質上來說，**一份「好工作」意味著能探尋靈魂最深層的自我，並且創造出足以支撐物質需求的價值**。這種雙重要求讓現代生活變得艱辛異常：我們必須同時追求兩種極端複雜的目標，而這兩者有時又相去甚遠。我們不僅得滿足靈魂，還必須確保生計無虞。

耐人尋味的是，結合心靈和物質追求的高標準，不僅僅存在工作層面；在人際關係上，也出現了類似的現象。在人類歷史的很大一部分中，「應當愛自己的伴侶（而不只是彼此忍耐）」這件事其實很稀奇。婚姻的本質是務實的：結合相鄰的領地、找到擅長擠牛奶的人，或是可能生出健康後代的人……浪漫的愛情如鳳毛麟角——或許只能發生在十五歲的夏天，或是在生了第七個孩子後來一點婚外情。

然而，一七五〇年，發生了奇特的轉變。人們開始對另一個特別的遠大理想產生興趣：立基於愛情的婚姻。婚姻不只是社會與經濟的結合，而應該建立在真正的欣賞與理解之上。愛情和婚姻不再是各自獨立的議題，而是結合成新的概念——激情的結合。

當代世界的許多重要願景，都是將往日分立的概念結合（金錢和自我實踐；愛情和婚姻）。這些概念固然立意良善，反映著民主的本質和樂觀主義，相信人們一定能加以實踐，屏棄所有古代的痛苦。不過，在追求的過程中，卻也難免遭逢災難，令我們失敗挫折，或是讓我們失去耐心，變得多疑又苦惱。**我們用過於宏大的標準來評判自己，結果卻是一次又一次地感到自己不夠好、沒有達標。**

只要「跟隨直覺」……就好？

雪上加霜的是，即便設下了如此遠大的目標，我們卻時常告訴自己，要達成目標沒有那麼困難。我們以為，只要「跟隨直覺」就足夠了。只要「傾聽自己的感受」，就能找到正確的對象（結合激情和現實的生活）；或是在大學畢業後，就可以自然而然感受到某個職業的召喚（結合穩定收入和內在實現）。我們過度依賴直覺，深信「當機會來臨時，一定會有強烈的情緒衝動來指引自己做出正確選擇」。

對直覺的迷信會蒙蔽人們的雙眼，讓我們忽略了**其實所有人都需要訓練和教育，才能進入一段健康的愛情，或找到適合的工作**。奇怪的是，同時我們卻也理所當然地明白，如果想要精通數學或某種外語，必須經過數百小時的努力學習。我們很清楚，光憑直覺和運氣不可能讓化學成績變好——否則，世界對運氣不佳者也未免太過殘酷了。

然而，如果在多年的學校教育中融入生命的重要課題——例如怎麼健康地交往或如何找到符合興趣和天分的工作——卻會讓我們感到奇怪。我們或許會承認，這類的抉擇至關緊要、影響深遠，但在知識和教育領域的發展史中，卻不知怎地認為這些都無法透過教育來傳達。這些議題很重要，但我們卻盲目地相信，在天時地利人和之時，答案就會自然浮現在我們腦海中。

「人生學校」的目的即是要修正這種殘酷的既定看法，並且賦予人們正確的概念，幫助我們達成感情上和職涯上遠大（但實際上極度困難）的理想。

2 沒人教過我們怎麼「找工作」

在尋找一份充實而有意義的工作時，通常會遇到各種障礙。其中一些已經有過充分的探討，且有完善的機構和系統能幫助我們克服。

1. 缺乏技能

許多高成就感的工作，都需要具備特定技能或專業知識。你或許得擁有在叢林中迫降飛機的能力，或是在關鍵的會議上用東亞的語言進行協商談判；你或許得對於內耳的解剖構造，或是水泥的延展性有著精確深入的知識。有許多學校、大學和科技大學應運而生，幫助我們解決了專業性不足的問題。人們已經變得越來越擅長克服技能上的不足。

2.缺乏相關機會的訊息

有時候，要知道好的職缺在哪裡也不容易。以前的人沒有輕易尋找職缺的好方法。例如，你或許是某個莊園最理想的管理員，不過卻因為一個再平凡不過卻無法改變的原因而無法勝任——你根本沒聽說這個職缺。你的個性和專業或許非常適合擔任某個紡織廠的廠長，卻因為不認識任何有力人士而無緣，只能繼續困守於前程黯淡的水閘管理員一職。這項致命性的因素，如今也已經被鎖定和破解。我們發明了各式各樣的求職單位、獵頭公司和社群網站，讓人們能妥善掌握不同類型職缺的狀況。

3.缺乏明確目標

然而，尋找合適工作的最大障礙依然存在，而且並未受到如同前兩者的關注：要找到適合自己、自己也喜歡的工作非常困難。不知道自己的目標是最大的障礙，如果無法克服，那麼即使我們獲得良好的教育，即使市場提供了許多機會，都無法發揮作用。

令人驚訝的是，在這個問題上，人們投注的心力竟然出奇地微小。當然，我們稍加關注過，學校和大學都會建議學生和輔導員好好坐下來，花一、兩個小時好好討論，也會進行性向測驗，希望能幫助我們找到和個性相符的職涯路線。許多性向測驗都是以「邁爾斯—布里格斯類型指標」（Myers-Briggs Type Indicator，簡稱MBTI）為基礎，而這份問卷最初是在二十世紀上半葉設計的。

如果莫札特做了性格測驗……

這類測驗通常包含數百道多選題，大部分會要求受試者針對「在戶外工作」、「在零售業幫助客戶」等敘述，勾選「不感興趣」到「極度喜歡」的評分。測驗的立意良善，希望能辨識出我們的人格類型——一般來說有十六種，從ISTJ（內向型：擅長感知、思考和判斷）到ENFP（外向型：擅長直覺、感受和知覺）。接著，測驗會幫助我們找到能發揮這些人格特質的工作。

然而，如今我們已經知道，這類診斷型測驗都有相當重要且有趣的缺點。你可能已經覺得內容太過冗長（得花將近一個小時），但有鑑於這個議題的重要程度（如何找到好的職涯），這樣的內容其實還是顯得太過簡短。

除此之外，測驗固然可以幫我們注意到自己很有創意，但理性思考的分數較低，或是適合扮演團隊領導者的角色，適合與客戶應對等，卻無法聚焦在我們個人的能力上。**我們最終面對的或許是過度寬廣的職涯選項：**測驗結果可能告訴我們「你適合與動物相處的工作，或是與金融有相關的職涯」。

如果想知道我們現在所採用的方法有多麼不足，或許可以看看歷史上那些擁有極具成就感職業的人，思考一下當前的職涯測驗會給他們什麼樣的建議。

假設莫札特（Mozart）做了十六型人格測驗，繳交答案後，他可能會得到以下的建議：

- 你適合能發揮文字或設計方面想像力的職位。
- 可能的領域包含藝術、表演、寫作、視覺設計、擴散思考、商業創意，以及調整現有思維、發想新的點子，和在沒有暨存規則的情境中工作。

・可能適合的職業：圖像設計、職訓顧問、婚禮規劃、公關人員。

這和歌劇《唐・喬凡尼》（*Don Giovanni*）或《A大調單簧管協奏曲》（*Clarinet Concerto in A Major, K.622*），可以說八竿子也打不著。如此荒謬的情境，向我們反映了這類的測驗完全無法幫助個人聚焦。如果想要自我實踐，那麼當代的測驗看起來是缺乏統整性和實質效益。

對於莫札特來說，真正有幫助的職涯建議必須更具體。他必須找到最理想的測驗，直擊人格特質的關鍵核心，以及自身的優勢和弱點，然後提出類似下方的引導：

「借鑑晚期巴洛克清唱劇的複雜性，將其簡化，並擴充情感表現的範圍。嘗試與風趣但具備哲學思維的作曲家合作。測驗結果顯示，你適合將諷刺或幽默的元素融入莊嚴盛大的場景。將你對死亡的懊悔和焦慮集中，創作一首安魂曲。總體目標：重新定位西方音樂文化的發展方向。」

人格測驗的局限並不只出現在少數天才的例子。如果測驗僅僅對千分之一的人口無效，那不會是什麼太大的問題。但更令人不安卻又精準的看法是：有大量的優秀人才，因為在關鍵時刻缺乏良好的建議和引導，而未能得到充分的發展。

雖然是莫札特這類極端的案例引起我們的注意，但無法取得真正量身打造建議的問題，影響了我們每個人。**或許有很多人都隱約感覺自己應該能夠做出真正改變世界的事情，卻無法準確說出「是什麼」或「該如何實現」**。我們迫切需要更多元且精確的引導資源。

英國詩人托馬斯．格雷（Thomas Gray）在鄉村的墓園裡看著農工的墓碑時，悲傷地沉思著無法發揮的才能如何被虛擲。他想知道這些人的模樣，以及如果生在更好的環境，他們能有何等成就：

或許在這被忽視的荒蕪之地，

埋葬了曾經燃燒炙熱天賦的心；
他們的雙手或許能揮舞帝國的權杖，
或是撥弄琴弦，喚起人們的狂喜。

許多花朵在無人見證時盛開，
芳香徒然消散在荒原的風中。

另一位沒沒無聞的彌爾頓，
或許就在此處安息。

——〈鄉村教堂墓園的輓歌〉
（*Elegy Written in a Country Churchyard*, 1751）

格雷真誠流露的想法令人難受，某種程度也有些荒謬：如果有正確的機會和引導，所謂的平凡人也都有能力做出重大貢獻。

最適合你的工作，可能還不存在

如今，**真正的障礙已經不再是教育不足，或是找不到好的機會，反而是無法正確分析自己的能力，也缺乏清晰的發展方向**。然而，當前職業診斷測驗所能勉強做到的，距離這個目標還天差地遠。

目前職涯性向測驗主要的問題之一，是嚴格局限於「已經存在」的職業項目。這也不意外，畢竟在測驗編制時，就業市場相對穩定，職涯選擇也普遍有明確的界定。然而，有個可能性是，某人最適合（也最可能喜歡）的工作現在還不存在。最能幫助你發揮潛能的工作，可能還沒有被發明出來。

假如一九二五年，三十六歲的詹姆斯・麥肯錫（James O. McKinsey）接受了剛剛問世的十六型人格測驗，結果會顯示他的優勢在於智力和解決問題的能力，建議的職業則集中在學術上（事實上，他不久前甫升任教授）或產業界。

然而，測驗結果不會引導他發現自己真正擅長的事情——整合這兩個領域。測驗無法建議他尋找新的工作類型，所以他的追尋之路將無比孤單。幸運的是，最終他找到了自己的道路。隔年，他成立麥肯錫顧問公司（McKinsey &

Company），首創了管理顧問的概念，成功結合研究和實務上的決策，為企業提供更有系統的管理建議。

諸如十六型人格等測驗所提出的職業建議，僅局限於既有的職業，無可避免地讓我們偏離了那些可能真正令人興奮、最具潛力的職涯之路。

我們不應該因為困惑而自責。這是文化設下的難題：讓我們相信理想的職業存在，卻又未能教導我們如何發現自己的才能和興趣。

這本書的目標，就是要修正這個悄悄侵蝕我們人生、打擊希望的問題。

第一章

但是，我沒有目標

1 志業，是種迷思

難以確定職涯目標這個問題，在當今社會造成嚴重又廣泛的影響，卻未能得到相應的關注和思考。事實上，我們往往會因為自己對職涯的困惑感到難以啟齒，認為這樣的痛苦反映的是個人的失敗。

許多人潛意識裡認為，困惑代表著頭腦不清楚又不切實際，對工作選擇過度挑剔、吹毛求疵。我們也可能會認為，這是因為你被寵壞了（「有工作就該心懷感恩！」），或是缺乏定性，不願意投入。之所以有這樣嚴苛的批判，是因為我們普遍受到所謂「志業迷思」（vocation myth）的荼毒。

這樣的迷思源自於特定的靈性體驗——**雖然很罕見，卻受到極大重視**，並且在西方歷史中得到過度宣傳。在這樣的體驗裡，人們感受到神的呼召——有時透過天使，有時則是直接從雲端說話。神會指示某些人們投身於神的志業。

其中一個著名的故事主角是哲學家聖奧古斯丁（Saint Augustine），他在中年時期受到神的旨意，轉換了職業，從異教徒的文學教授，變成天主教的主教。這是重大的生涯變化，但奧古斯丁在過程中並非孤立無援。西元三八六年的某天，待在米蘭的他決定出門散步。他聽見一個孩子唱著他不曾聽過的美妙歌曲，副歌的部分是「拾起來，拾起來」，而他立刻理解到，這是神的旨意。他必須拾起聖經，並閱讀他翻開的第一篇——而那個篇章的內容，讓他改變了生涯，成為我們今天所熟悉的偉大天主教思想家和神職人員。

這個故事或許聽起來太過靈性，但我們卻在不知不覺間把其寓意給世俗化了。我們似乎都預期著在人生的某一天，自己會聽見近似於神的召喚，為我們指引人生的目標。

目標不會從天上掉下來

這一切都從藝術家開始。一直到文藝復興時期之前，藝術家也只不過是一份普通的職業，而且通常會成為藝術家，都是繼承父輩的職業。人們並不覺得繪畫或雕刻，和製鞋或打造馬具有太大的不同：這只是一份需要實用技能的工作，任何勤奮的人在接受適當訓練後，都能夠勝任。

然而，到了文藝復興時期，藝術家開始借用宗教的故事，自認是受到命運的「召喚」而選擇這個行業。他們的內在有某種力量，將他們拉向藝術。米開朗基羅（Michelangelo）就抱持著這樣的強烈信念，相信他的靈魂要他繪製教堂天花板的壁畫，以及雕刻大理石。他有時或許甚至希望自己能停下來，但這麼做無異於背叛自己的志業。

「志業」這個概念出現在許多世界名人的傳記裡。舉例來說，我們會讀到波蘭的科學先驅瑪麗・居禮（Marie Curie）在十五歲就知道，自己的人生意義是科學研究。她抱持堅定的決心，對抗路途中的每個困難險阻——她沒有錢，在就學時期差一點凍死，也時常因為飢餓而昏迷。不過，她終究克服一切，榮獲兩座諾貝爾獎，第一次是一九〇三年關於X光的研究，第二次則是一九一一年發現鐳和釙。

因為這些案例的存在，擁有志業有時就被視為偉大成就的徵兆。不難想像的是，找不到志業不但被視為一種不幸，也代表劣於常人。最終，這讓找不到人生道路的人感到恐慌，也讓人心灰意冷，因為這意味著無論最後選擇怎樣的職涯，都註定無法有所成就。

更糟的是，「找到一生的志業」似乎成了每個人都必須在短時間內完成的任務。而多虧了宗教和藝術界的先驅，我們認為尋找志業的方法應該是完全被動的：我們應該等待真相揭露的瞬間，就像傳說故事裡的天雷一響或上帝的聲音，然後感受到內在的衝動或直覺，把我們推向足病學或供應鏈管理等領域。

這樣的心態也反映在我們看似微不足道，卻至關緊要的習慣，也就是詢問年幼的孩童長大「以後想做什麼」。我們認為，孩子們所提出來的答案（足球員、動物園的管理員、宇宙探險家等），某種程度上或許已經能讓我們稍微一窺這位小小人類的真實命運。我們預期一個五歲半的小孩，能了解自己在成人勞動市場中的定位，並且絲毫不覺得這有什麼好奇怪的。

這一切都解釋了，為什麼社會對於尋找工作這件事的討論相對較少。立意良善的朋友或家人，通常只會建議感到困惑的求職者耐心等待、順其自然，一定有最好的安排。

當然，和我們對於志業的不幸誤解剛好相反，**不知道自己的才能，或是不知道該如何發揮才能，才是完全合理和健康的**。每個人的本質都很複雜，能力也很難清楚定義，再加上這個世界的需求瞬息萬變，要找到最適合自己的位置和工作絕對是艱鉅的挑戰，需要投入大量的時間來探索，也需要有智慧的引導，甚至可能花上好幾年的時間。

不知道自己應該做什麼工作是很正常的，而能夠意識到自己的無知，正是成熟的象徵。我們不應該再用志業的迷思來折磨自己。

2 你少了一把「捕蟲網」

就算我們已經接受找工作需要大量的時間和心力，接下來還會遇到一個更深遠困難的問題：人們的心智本質難以捉摸。

受制於大腦的先天構造，人們很難理解自己的大腦。我們不可能直接坐下來問自己：「我這輩子想做什麼工作？」這和午餐喜歡吃什麼是完全不同等級的問題。認真檢視時，「自我」就變得沉默又片段。

在最理想的情況下，我們更深層的心智只會送出斷斷續續的信號，表達出某些模糊的喜好或厭惡。例如，我們可能會說：

- 「我想要能發揮創意的工作。」
- 「我不想把一生奉獻在大型企業。」
- 「我希望能改變世界。」

・「我想要一份有意義的工作。」

這樣的想法或許合理，但它們的模糊性極高，缺乏明確方向，如果想以此為基礎打造職涯，當然可能讓我們感到恐慌。缺乏清晰的職業規劃，意味著我們很容易淪為他人計畫的附屬品，任由環境推著自己前進。

大腦不缺能力，而是少了捕蟲網

我們會開始自責，開始懷疑自己的心思是否不夠敏銳。然而，這樣的問題並非個人的缺陷，而是人類思維的普遍特徵。我們的大腦天生不擅長直接回答重大問題，例如：「什麼是愛？」、「什麼是真正的友誼？」我們腦中大概也只會浮現同樣破碎的資訊。這實在讓人感到困惑，因為我們甚至很可能無法做出稍微合邏輯的分析——事實上，人們對於愛情和友情都應該有許多潛在的想法，畢竟我們的生命充斥著這些情感。

我們早已擁有大量的相關材料，應該能建構出全面又深刻的見解。我們經歷過許多稍縱即逝的想法和感受，也有過許多發人深省的正面和負面情境。然而，這些經歷卻很容易受到阻礙，無法形成有深度的答案。

問題就在於，**我們的想法時常四散在心智中，而未能好好蒐集和過濾，覺察其中的連結並加以發展**。我們沒有足夠的時間或動力，來思考這些想法個別和累積的意義。假如我們對自己的心智再有信心一些，或許都能提出精闢的見解（所謂的偉大作家，說到底也只不過是懂得操控所謂的「捕蟲網」，捕捉住最飄渺想法的人罷了）。

我們其實知道很多事情，卻不知道自己知道——因為我們沒有受過足夠的訓練來蒐集並詮釋自身的經驗。

美麗的城市是什麼模樣？理想的假期？好的對話節奏？這些問題聽起來或許是大哉問，但其實我們內心早有答案——在記憶深處，我們曾經走過某條美麗的街道，感受某種全新氣候的美好，或是體驗到和朋友相聚的溫暖。我們之所以認為自己不知道，只是因為我們習慣系統性地低估自己的能力。人們經常忽略的事實是，自己的內心早已蘊藏了解決重大人生問題的能力。

然而，受到恐懼和習慣影響，我們拒絕探索內在，只好轉向各種陳腔濫調，即使我們內心隱約知道，這些回應並不足以真正表達我們的想法。我們總是覺得，真正的情感潛藏在內心的紛亂中，無法用語言表達。另一方面，我們卻又希望那些提出疑問的人能轉移目標，別再刺激內心深處的不安。

簡而言之，對於無法具體或直接回答「自己想做什麼工作」這一點，其實不是什麼獨特的問題（因此也無須特別擔心）。這只不過是再次證實了我們心智的弱點，以及對於自省自覺能力的缺乏自信。

我們的大腦雖然不擅長直接產生職業計畫，但其中其實早已累積了許多相關的線索。我們更應該花時間主動蒐集相關證據，建立資料庫，充分地分析整理，確保我們將離散的思考和感官好好保存，有朝一日能清楚陳列。如果想了解自己在工作上的特質，**第一步得先意識到人們心智本質上的模糊和脆弱，才不至於對自己內心的困惑感到羞恥，或將其視為弱點**。

如果要回答自己「該做什麼樣的工作？」就應該要先相信，大部分的答案其實都已經在我們的心中。不過，最好不要做出匆促的結論，因為能幫助我們得到答案的資訊，通常還未經過正確的檢視或分類。

這些訊息或許還糾纏在充滿混亂和錯誤的資訊中，我們既不清楚本質，也不知道它們能引領我們找到答案。我們必須有耐心地相信，自己其實已經累積了足夠的訊息和經驗，能決定自己適合的工作，只不過這些資訊還不夠直接，無法讓我們一眼看穿罷了。

事實上，我們的大腦早已積累了許多決定適合職業的重要資訊，但這些資訊通常以我們無法立即辨識的方式存在。例如，真正的職業潛能並不一定來自我們過去對工作的直接想法，而是隱藏在過去對各種小事物的興奮、熱情或厭惡中，而**這些經歷表面上可能與「工作」毫無關聯**。

困難的部分是，真正能幫助我們找到理想工作的，往往不是過去的工作經驗，而是我們對於「熱愛什麼」的理解。我們追尋的是一份能夠熱愛的工作，而非僅是做得上手的工作——因此，在倉促地做出生涯的規劃前，我們得更了解自己喜歡什麼，以及為什麼喜歡。

我喜歡什麼？童年有答案

我們或許可以先聚焦在累積了許多意外職涯觀點的倉庫：童年。在那段漫長的歲月裡，我們何時會感到興奮的悸動呢？我們應該放鬆心情，接受所有最微不足道、最看似無關緊要的細節。

可能是八歲時躺在老家臥室的地板上，從著色本剪下紙張，或是編織毛線的記憶，讓我們覺得特別美好。也許你非常喜歡在白紙上畫直線。也許你特別喜歡某一件毛衣，因為正面有黃色的圈圈。也許你喜歡在家族旅行常常住的旅館花園裡，繞著花叢跑來跑去。又或者，如果你把臥室整理的特別乾淨，也會讓你的心情特別好。

或許你覺得最討厭的是，當學校得進行團體作業，而組長卻不接受你對於海報設計和投影片提出來的建議。或許，你討厭某些人總是把頭髮梳得一絲不苟。又或者，你懷念某次和朋友幻想出來的沙漠島。

在這些回憶裡，我們能找到一些關鍵事件，這些事件記錄著我們內心深處的感受。**某些事曾讓我們覺得無比美好，某些事則令我們感到強烈的不適**。這些看似不重要的片段，卻暗示了我們內心的重要傾向，而且可能至今仍潛在地影響著我們。我們得緩慢進行，有時可能要經過好幾個月的仔細反思，才能發現自己性格特質裡最核心的要素，帶領我們走向理想的職涯。

除了童年經歷，我們也該開始蒐集和分析當下的感受。我們的心智每隔幾個小時就會自動消除許多感受，所以我們應該準備一本筆記本，以便記下一些想法，以利後續的探討，發掘其與過去經驗間的連結。我們應該像耐心的野鳥學家一樣，靜靜地待在樹叢裡，等待罕見候鳥的蹤跡。

最擅長悉心蒐集這些資訊的人，大概非作家莫屬。他們幾乎都有寫筆記的習慣，倒不是因為他們有特別豐富的靈感（不斷湧現的各種感受是人類的普遍現象），而是因為他們理解到**乍看之下微不足道的想法，或許都有著很高的價值**。他們也意識到，大腦的遺忘傾向可能會帶來巨大的損失。

偉大的法國小說家巴爾札克（Honoré de Balzac）隨時隨地都帶著筆記本，他對於不同人的特色深深著迷，特別是他們移動的方式和表情，因為這些都透露著他們的人格特質。有鑑於此，他開始觀察巴黎街道上的行人、晚宴遇到的賓客或工作場域的人，記錄他們的習慣和行為。他的筆記本這麼寫著：

「她的動作和重心不協調，每一步都像雕像，整個身體向前移動。」

「他的步伐有如獨裁者：最微小的動作也透露出威脅性和力量。」

「粗暴的動作反映了他的惡習。」

「這名女性閒散步行的模樣，似乎炫耀著什麼，但又什麼也沒透露。」

然而，巴爾扎克並不僅僅停留於記錄。這些經驗片段只有在找到適合的用途後，才能真正發揮它們的價值——這意味著將這些觀察融入到他寫作的故事裡。雖然這個例子聽起來很局限，但巴爾札克的習慣值得每個人效仿。

我們都需要捕捉並分析自己的感受，從數千種不同的暗示中，蒐集足夠的訊息。但不是為了寫小說，而是為了更重要的目標：找到屬於你的未來職涯。

行動指南｜探索你的職涯方向

在快樂時刻中挖掘滿足感

尋找「志業」這個想法意味著，從現在開始，我們應該了解怎樣的工作最適合自己。然而，更有效率的起點則是先承認：我們一點概念也沒有。最大的挑戰在於追溯到自己最真實的渴望。奇特的是，這樣的渴望通常出現在我們對工作還沒有概念的時候——童年。

童年是很好的起點，因為那時我們所追求的事物，還未受到太多影響而扭曲或壓抑。身為兒童，我們不會想到社會地位、金錢，或是自己究竟是否有天賦。因此，回顧童年時光中的快樂時刻，能夠為我們提供寶貴的線索。

步驟1：回想三件小時候喜歡的事。

- 描述你喜歡玩耍的具體環境。
- 下雨天時待在你的房間裡，或是待在院子裡，感覺如何呢？

- 你會在那裡做什麼？

步驟2：簡單描述這三項活動

舉例來說：「我以前會到樓下，用樂高積木堆城堡。我會坐在房間中央的地板上，先把所有積木整理好，才開始蓋。」

或是：「我喜歡假裝自己在經營一間航空公司，把我的絨毛玩偶都排成一列，像機長那樣對它們發號施令。」

步驟3：找出你最享受的時刻

想像你得向其他人解釋自己為什麼會喜歡做這些事。閉上眼睛，回想做這些事的時刻，並試著描述最美好的瞬間。我最喜歡：

- 房子整齊排列的時候。
- 當動物都餵飽了。
- 當我們把游泳池注滿水。

■當我對乘客發布指令。

現在，深入探索這些時刻，找到它們背後令你喜愛的理由。我喜歡這些時刻，因為：

■創造出整齊有秩序的世界讓人滿足。
■讓動物快樂，會讓我覺得很有成就感。
■和朋友在一起會給我安全感。
■我喜歡掌握一切的感覺。

步驟4：進一步萃取出你的個性傾向

將你的回答簡化為對個人偏好的描述：

■我是個喜歡……秩序感的人。
■我是個喜歡……讓他人快樂的人。
■我是個喜歡……與團隊相處融洽的人。

■我是個喜歡……掌控局面的人。

在孩童時期，我們不會分析自己的快樂，但通常也只有這個時期，我們才會感受到如此強烈又直接的快樂。接著，我們進入青春期的沙漠，所有的玩心幾乎都被對社交成就的追求取代——最後則是經濟問題。當我們步入成年時，真正能讓我們滿意的事情，往往排在優先順位的最後。

我們應該將上述過程套用在其他童年回憶上，幫助我們更了解當自己能隨心所欲玩耍時，真正享受的是什麼。如此一來，我們能夠拼湊出一幅關於「什麼會讓我們快樂」的圖像，因此了解怎樣的工作會帶給我們滿足。

一份令人滿意的工作總是會以微妙、間接但關鍵的方式，與我們童年時期的快樂回憶產生共鳴。

興趣≠天職，重點在……

至此，我們都還在蒐集感受。但還有下一步，我們必須將這些感受連結，並向外拓展——同時也別忘記了，這些感受的意涵幾乎都不是直接的。舉例來說，閱讀雜誌會帶來快樂，但這不代表我們該進雜誌社工作。我們需要更仔細地**分析這些快樂的真正來源，才能準確理解真正適合自己的職業選擇範圍**。

當我們深入解析這些感受時，可能會發現它們其實蘊含著許多與雜誌本身無關的線索，例如：

我們是被紙張的材質、內容的圖片、文章的語氣，或是編輯所傳達出的活力所吸引，又或許是雜誌的某部分補足了我們背景的某些缺失。

這些快樂的體驗發生在閱讀雜誌的時刻，但它們的本質可能與雜誌無關。我們最初的分析可能過於倉促，而忽略了感受的真正意義，從而將我們引導向危險錯誤的方向。雖然能為我們指出方向的訊息，或許剛好出現在《Bella儂儂》或《美好家園／花園》（*Better Homes and Gardens*）雜誌的某一集，但如果更仔細篩選，這些感受或許會引導我們走向與雜誌毫無關聯的職業：我們可能更適合文具公司、心理治療或工業設計。

這就是為什麼我們應該更謹慎，**不要直接鎖定特定職業名稱，而是專注於職業內涵的特質**。我們不應該匆促做出「圖像設計師」或「老師」的結論，而是盡可能多思考這些工作所帶來的快樂，用「秩序」、「領導」、「意義」、「冷靜」、「團隊精神」等詞彙加以捕捉描述。

接著，我們要借用「內在對話」的概念。在進行的過程中，我們內心的一方要溫柔但堅定地持續質問另一方。讓內心的觀察者（Observer Self）與日常的感受者（Feeling Self）進行問答：

觀察者：「所以，你覺得這很棒。在這個經驗裡，究竟是哪個元素讓你快樂？應該不會是全部，而是更具體的部分。你可以更深入細節描述嗎？」

感受者或許會說：「我不知道，我不確定。就是很美好啊。」

然後觀察者可以再問：「再試一次。不確定也沒關係，我們換個方法吧。還記得之前有一次，曾經發生過類似但又不太一樣的事。試著把兩者比較一下，如何？」

慢慢地，最初的暗示將會構成更清楚的圖像，讓你知道為自己帶來快樂或厭惡的究竟是什麼——讓我們逐漸解開真實感受，並更接近與理解自己真正想要的工作與適合的環境。

拆解嫉妒

並非只有愉快的感受能提供我們未來的線索。或許你會覺得意外，但嫉妒也是很重要的引導。通常，當我們產生嫉妒時，我們會感到羞愧，甚至會試圖壓抑這種情緒。然而，這種壓抑會讓我們錯失從中學習的重要機會。雖然嫉妒讓人感到不舒服，但這樣的感受，卻是尋找生涯方向不可或缺的部分。

嫉妒是一種行動的召喚（call to action），傳達著關於我們**人格中尚未被完全理解、但極為重要的願望**，並告訴我們該怎麼度過剩下的生命。如果沒有定期的妒火攻心，我們就不會知道自己想成為怎樣的人。我們不該試著壓抑嫉妒，而該非常努力地探索自己的嫉妒。我們每個嫉妒的對象，都代表一片未來可能性的拼圖。

當我們翻閱報紙、收聽廣播節目，或是得知某個老同學的近況更新時，所感受到的嫉妒，都能幫助我們拼湊出「真實自我」的圖像。我們不該逃避這種情緒，而是要平靜地問自己一個關鍵問題：「我可以從中學習到什麼？」

即便試著面對嫉妒，我們通常還是無法學到其中的奧祕。我們一開始感到嫉妒的，都是某個人的整體人生；但如果花一些時間探索，我們會發現真正吸引自己的，只是對方「成就的一小部分」，而這將引導我們踏出下一步。

我們想要的可能不是某位餐飲業大亨的整段人生，而是他的創業能力。我們或許不是真的想成為陶藝師，只是希望自己的工作也像某位陶藝師那樣有趣好玩。

我們很容易忘記，吸引自己的特質不一定局限於某個特定的職業，而可能以較微弱（但同樣真實）的型態呈現在無數其他領域。我們可以在不同環境中，用較小的規模、較低的風險，實踐這些我們所欣賞的特質，從而打造一個更可行、也更符合現實的職業版本；而不必一頭栽進某個職業，最後卻發現並不適合自己。

我們必須學會從生活中看似微不足道的滿足感與困擾中，提煉出深刻的洞見。一旦了解了內心的模糊本質，且人類的天性本就使我們難以立即拼湊出有關未來的複雜答案時，我們便能以新的角度來看待職業選擇這件事。我們會開始接受職涯的分析需要時間，會分成許多階段，如果想立刻找到答案，反而會有反效果。

畢竟，要在有限的人生中選擇最值得投入的事物，是一場偉大的探索。

讓嫉妒成為改變的動力

我們通常不會把嫉妒視為一種有益的情緒。但每個感到嫉妒的時刻，都提供我們更了解內在渴望的機會。深入探索我們的嫉妒，就能幫助我們找到內心覺得缺乏的部分，進而反思自己應該朝什麼方向努力。

步驟1：列出讓你嫉妒的人，以及你羨慕的特質

請想一想，生活中有沒有讓你產生嫉妒的人？列出他們身上那些讓你欣賞、甚至有些羨慕的特質。例如：

- 說話時充滿自信、成功、有自己的創見、富有。
- 擅長傾聽、有機會和了不起的人對話、聰明、受許多人喜愛。
- 條理分明、深思熟慮、工作穩定。

■努力工作、冒險犯難、勇於為自己爭取合理的報酬、謹守道德。

現在，問問自己此人最吸引你的是哪一點。你嫉妒的，是清單上的所有特質，或是只有一、兩點特別讓你嚮往呢？

步驟2：如何將這些特質融入生活？

一旦聚焦了令你嫉妒的元素，問問自己，該如何把這些元素帶入你的生活。你能想像在不成為此人的前提下，擁有這些你嚮往的東西（財富、冒險、條理分明）嗎？

這些改變不必一蹴而就，你可以先從小規模開始，慢慢將這些特質引入你的生活。想像一下，如果你的生活能夠擁有這些元素，會是什麼樣子？

最後，請仔細思考：為了獲得這些改變，你可以採取哪些具體行動作為第一步？

行動指南｜探索你的職涯方向

找出「興奮點」，才會看見理想的工作

有時候，我們對於理想工作的想像可能很空泛，例如：

- 我喜歡能發揮創意的事。
- 能稍微旅行一下也不錯。
- 我想賺一點錢。
- 如果能擔任顧問也不錯，但我又擔心會很無聊。
- 或許在雜誌社工作蠻好玩的。
- 政治？聽起來會太瘋狂嗎？
- 我不喜歡被別人呼來喚去。
- 我對公民運動很感興趣。
- 我真的很喜歡某個廣播主持人……

這些想法很正常，但我們需要更深入地分析，才能找出真正吸引我們的點，以及適合自己的職業方向。

步驟1：自由列出你的想法

列出清單，不要設任何限制！允許自己感到困惑、分心，並發揮想像力。

步驟2：接受你的想法還很模糊

雖然這份清單還很模糊，但不要感到驚慌。我們不需要因為自己的職涯決策起點很怪異而感到羞愧。就算第一個冒出頭想法很片段、散亂也沒有關係。

步驟3：找出每個想法背後的「興奮點」

在每個項目背後，都可以找到「興奮點」——也就是讓我們產生這些想法的經驗。當你思考這些項目時，內心可能會浮現特定的經驗或畫面。舉例來說，當你想到「從政」時，可能會想像自己在發表演說——這個畫面連結的是你曾經看過的國會新聞報導。

為清單上的每一個「理想工作」，都找出背後的關鍵經驗或畫面。有些興奮點可能有點奇怪，甚至是冷門，但都沒關係，寫下來就對了。

- 我去看馬諦斯（Matisse）的展覽，看見他雕刻的影片。
- 比爾．蓋茲和妻子在烏干達捐贈蚊帳這件事真的很酷。
- 我讀過關於豪宅和專用主廚的書，覺得那樣的人生真的很棒。
- 我的國家有很多孩子都沒有人照顧。
- Vogue 上有一部紀錄片，裡面的人都好酷，看起來和我父母完全不同。
- 我喜歡海牙，很欣賞那裡雄偉的建築。
- 和光鮮亮麗的團隊一起旅行，有專車在機場等候，為總裁提供諮詢。

步驟4：避免錯誤標籤

我們很容易對自己的興趣貼上錯誤標籤，導致我們誤以為自己適合某種職業，但其實真正吸引我們的，只是其中某個細節。例如：

■你可能以為自己想成為顧問，但事實是，吸引你的是別人請你吃飯、有專車在機場接送的想像。你誤會了自己真正的興趣。

■你說想在雜誌社工作，但你真正的興趣更具體也更特殊——其實你感興趣的是在紀錄片裡看到的，關於流行時尚界的光鮮亮麗，而這並不僅限於雜誌社而已。

現在，請將步驟3的清單與步驟1的清單做對照，看看你從最初經驗和想像所得出的結論，是否也有這樣的錯誤標記。

步驟5：深入解析你的興奮點

我們時常會跳過對於喜悅或刺激的分析，導致我們沒有辦法準確表達自己的真正興趣。例如：

■你夢想成為廣播主持人（和你的偶像一樣），但真正令你興奮的是什麼？或許，你喜歡的是與人對話，以及追尋好好生活的智慧——這些都不一定只和廣播有關。

■你覺得有很多小孩無人照顧——某一部關於此議題的紀錄片特別讓你感動和憤怒。當你更深入探索這樣的感受時，你發現自己在乎的是人們能否得到正確的幫助、擁有良好的人際關係。而這些議題在許多領域也都能顧及。

重新檢視你的經驗和清單，更細節地描述你「真正在乎」的事物。為什麼這些事物特別令你感動或振奮？用更具體的語言描述你的興趣究竟來自何處。

當我們更理解自己的興趣後，可能會發現自己最初對於理想工作的想法改變了——有時甚至是捨棄。同時，透過分析自己的經驗與內心畫面，我們也能更釐清自己真正想要的。

了解自己的動機，我們將能夠開啟新的、更適合自己的職業方向，而不是被表面的標籤誤導，選擇一條其實並不適合自己的道路。

第二章

哪些工作能讓你幸福？12 個關鍵「快樂點」

1 為什麼有人「愛」工作？

我們都知道，理論上來說工作可以是令人愉快的，但鮮少有人會鼓勵我們分析出每一份工作獨特的「快樂點」。我們只會大致上認為，（舉例來說）成為機師、開飯店、當獸醫師或製作電視節目應該挺不錯的，卻沒有深入探討這些職業真正讓人快樂的細節。

我們也理解，即便是最理想的工作也不是隨時都充滿樂趣，反而可能穿插著無趣和挫折感。然而，如果我們充分投入，任何工作都可能帶來樂趣，因為**其中或許存在特定的時刻，呼應了我們人格特質的核心**，因而激發強烈的滿足或快樂。

不過人們卻很少會把工作拆解，尋找這些快樂點，或是探索自己對不同樂趣的感受程度。我們通常會知道一份工作的內容是什麼，卻不太清楚不同職業究竟有哪些值得享受的部分。由於欠缺這類討論，讓我們很難判斷哪種工作最能滿足我們的職業偏好。

因此，我們應該更了解自己，探索自己感受最強烈的快樂點，並在職場中篩選能夠提供這些樂趣的工作。

即便每一份工作都各有不同，但它們所能提供的快樂點，通常能用較廣泛的標準加以歸類。當我們不再聚焦於薪水或技術要求等外在條件，就能開始討論每一份工作的快樂點構成了。

這項任務聽起來很棘手，畢竟我們還沒有建立能描述快樂點的詞彙。但如果我們開始整理這些可能讓人熱愛工作的元素，大致上可以歸納出十二個吸引人的因子；這些快樂因子能夠解釋，為什麼人們會說自己「愛」某份工作。

當然，沒有一份工作能湊齊十二個快樂點，而提供的每個快樂點形式也不相同。因此，如果想知道自己在職涯上的認同和傾向，就得先釐清自己快樂點的排序。閱讀快樂點的列表時，我們會發覺某些項目特別能引起共鳴。這時，我們就能按照自己的偏好加以排列。

排序的結果可能會讓我們驚訝，因為預料之外的議題或許會浮現，而優先順位也會隨之改變。分析我們對不同快樂點的反應後，我們將會得到足夠的材料，能開始繪製專屬自己的理想職業藍圖（也可以說是「找工作檢核表」），或許有一天能找到自己真正喜歡的工作。

快樂職場指南：十二個讓你愛上工作的快樂點

1. 賺錢的快樂

■你還記得九歲時，自己烘焙餅乾擺攤販售的經驗。不是真的為了錢，而是因為看到人們真心喜歡你做的東西，並且願意用錢來證明這點，這讓你很興奮。後來，你開始加上不同顏色的糖霜，並興致勃勃地**觀察**哪種顏色最受歡迎。你學到很多，也更有自信。

■你喜歡**預測**別人的**需求**，並且準確地**滿足**它們。但其實當然不只是猜測，因為你隨時都在認真觀察人們無意識舉動所透露的訊息。你喜歡賺錢，因為許多方面來說，這都是心理學上的成功——正確預測他人的需求，並在競爭中取得領先地位的獎賞。

■在這個世界上，你注意到有太多可以**改變**的地方。假如走在街上，你可能會想：「那棟二十世紀初的建築真傷眼睛，應該要拆掉改建成美麗的石磚建築。」你注意到有一堆紙箱等著回收，心想：「這些箱子還有其他可利用的地方嗎？」你意識到每個缺乏效率的地方，都代表著新的商機。

■對你來說，賺錢的魅力在於它驗證了你的**洞察力與決策能力**。當你今年的獲利比去年高，這代表了你過去幾個月所做的無數小決策都是正確的。金錢能明確證實你的判斷力多麼可靠。

■對許多人來說，賺錢只是維持生計的手段，但你卻認為它是一種**智力上的樂趣**。你享受的是比客戶更了解他們的需求，是在別人提出問題之前就先察覺，並提供解決的方法。

■你喜歡賺錢，是因為賺錢和許多實際的美德有關：理解、勤奮、效率、紀律和聰明。

- 你明白擁有一些錢真的很棒（例如在機場快速通關、能在朋友的展覽上買下一件藝術品的感覺都很愉快），但你內心很清楚，這不是工作的快樂——而是工作**成果所帶來的快樂**。你喜歡你的工作，是因為你能發揮見解，面對世界的問題，並在過程中獲利。

2.美麗的快樂

- 你喜歡把餐桌布置得很漂亮：高雅的水杯、設計師品牌的刀叉以及素雅的餐盤呈現出**和諧**的美好畫面。假如燭臺的位置偏了，你非得把它擺正不可。
- 小時候，你有一支很喜歡的手錶，因為錶帶的顏色很醒目：深綠色，中間有一行小小的紅色方格。你喜歡小心地為父母親包裝禮物，假如沒辦法把包裝紙的角落摺得很平整，你就會感到懊惱；你總是希望用最少的膠帶（三小塊），但不是害怕把膠帶用完，而是因為你覺得**最少即是最好**（只不過在那時，你可能無法清楚表達這個想法）。
- 你嫉妒朋友的腳踏車，因為車輪的尺寸很**特別**，似乎符合對方的**個性**。

你欣賞很擅長足球的男孩，也因為他們不同的球風而著迷：有的可能會做出許多快速的小動作，讓球緊緊跟著腳尖，另一位則可能比較大膽的長距離運球，在起大腳之前身體會稍微後仰。

- 在學校裡，你喜歡仔細地在文章的標題下畫出**完美**的底線：某一年，你試著畫波浪線，另一年則用尺，對於線的粗細非常執著。有時候，你會花很多時間來思考文章的標題該怎麼訂，反而沒有足夠的時間來寫內容。
- 你會注意到沒有**對齊**的建築——這破壞了街景，你希望他們在建設時就有注意到不對稱的地方有多麼刺眼；你希望能回到過去，幫它們對齊。
- 你迷戀冬天的景色：一片枯黃的土地遠方，有一列灰色光禿禿的樹木。
- 你很喜歡一本德國歷史書的美麗字體。
- 你或許會因為一部電影的室內**設計**而感動（你注視著房間的形狀、家具的擺設或門把的弧度）；為此，你可以原諒電影差勁的情節或無趣的對話。
- 你注意到，你比其他旅伴更容易因為旅館房間符合喜好而興奮。

3.創造力的快樂

■那年你七歲，把樂高積木都攤在地上。這是最美好的時刻，因為你能創造出各種美麗的東西。光是**想像**未來的成品，就讓你感到興奮。你喜歡切割紙箱（鋸齒狀的麵包刀是很稱職的工具）。你忘不了洗衣機裝在箱子裡運來的時刻，那個箱子很大，你想住在裡頭；你做了窗戶，在裡面放了毯子、枕頭和牛奶巧克力棒。

■有時候，你會希望自己喜歡的歌能稍微**調整**，例如把特別好聽的段落再重複一次，或是讓尾音下降而非上揚；你想要改動這首歌（即便這首歌已經很美好了）。孩童時期，每天晚上睡覺前，你都會想像自己最愛的故事角色遇到不同的情況；假如他們沒有錯過火車，是否會有全新的、更有趣的冒險呢？

■在你的**性幻想**裡，你總是會為主角安排更豐富的背景故事：工作時的穿著、公寓的陳設、在網路上下訂鞭子的感覺；有時候，你會發現這些想像甚至不再和性有關了。

■你喜歡被問到需要想像**未來**的問題：我們應該進軍美國市場嗎？值得去

製作邀請卡嗎？應該和土耳其的公司往來嗎？對你來說，這類的思想實驗輕而易舉。有時候，你喜歡想像最理想的教育體制，或最美好的城市是什麼樣貌。

■你喜歡思考怎樣的圖片最適合放在簡報裡，也總是在思考如何更妥善地**傳達**資訊。有一次，你用了一張水淹到河馬耳朵的圖片，來告訴同事們事情的急迫性。

■有些人以為你只是不斷追求新奇事物，但他們都錯了；你只是喜歡更好的**解決方案**，而這些方式通常都在意料之外的地方，你熱愛探索、發掘，並且找到它們。

4. 理解的快樂

■小時候，你總是用各種（現在看來有點荒謬的）問題來煩你的父母：**為什麼**鳥類要稱作「鳥類」，而不是聽起來完全不同的詞，例如「利索羅西科」？為什麼年幼的黑猩猩看起來像是被剃了毛？牠們在其他星球上待過嗎？你希望每一件事都有很好的解釋。

■當你發現，你父親無法真的解釋為什麼吹風機插電就能使用時，你感到有點詫異。為什麼牆壁裡有東西能讓小小的風扇轉動呢？

■十一歲時，有個朋友說他很嫉妒他的妹妹。這讓你大開眼界，因為你終於能理解為什麼人們會對彼此生氣。

■你喜歡把腦子裡的想法都寫在紙上。這會讓你的思路更清晰，也減輕你的焦慮。有些人會喝酒或慢跑來放鬆，但你喜歡**反思**。

■在學校，當數學老師說她當下無法告訴你為什麼這樣的解題方式正確，你只要死背下來就好時，你覺得被她背叛了。

■你喜歡新聞報導切入幕後，解釋協議達成的原因，或是說明為何某個政黨在居住政策上急轉彎。謎團解開，一切都變得合乎**邏輯**（你討厭那些喜歡謎團的人）。

■你時常會覺得人們讓事情懸而未決：他們沒有妥善解釋，似乎也不在乎特定行為背後的各種可能**動機**。

■你喜歡在大量混亂衝突的事實中，找到合理統整性的解釋。在事物背後通常都會有潛在的、更簡單也更清晰的模式等著我們發掘。

5. 自我表達的快樂

- 童年時期，你喜歡成年人詢問自己的看法（有時候，你會因為不清楚自己的看法而挫折，但你真的很希望能**表達**自己的想法）。
- 在學校玩耍時，你喜歡透過角色扮演來擴展自己。
- 當人們不願意傾聽時，你會覺得很挫折。你想強迫他們專心注意。
- 有些人覺得你很自戀，但他們錯了：你只是喜歡和他人**分享**你愛的事物。這不是自我中心，而是一種慷慨。
- 在工作上，主管曾經在會議後把你拉到一旁，希望你低調一點，因為你的想法和公司的規劃沒有關係。事後，你也看出這一點，但還是很難受。
- 有時候，你會把**回饋**欄位填滿，還寫不夠。
- 你喜歡人們提出關於你的好問題。
- 你曾經有過寫自傳的念頭。

■ 你喜歡接受訪問，但時常覺得看別人的訪問很痛苦。你想要大叫：講重點！說點有料的東西吧！

■ 當你做事時，會希望讓別人明顯看出你的成果。

■ 你覺得「將**個人風格**注入作品」是一件很迷人的事，無論是設計一張椅子、打造一座花園，甚至是制定一項政府政策，這種讓自己的想法變成現實的感覺讓你著迷。

■ 你很享受「觸動某人靈魂」時的感受。

6. 科技的快樂

■ 年幼時，你的阿姨送了你一組按照尺寸排列的螺絲起子。你幾乎沒有使用過，但是你很喜歡它們給你的感覺——每一種**設計**都有其特定用途，能精準解決不同的問題。有一次，廚房碗櫥的軸承出了問題，你媽媽說：「你的那組小螺絲起子呢？」你找到了一把剛剛好的三毫米十字起子，成功解決了問題，這讓你感到無比滿足。

■大約六歲左右，你不再理所當然地接受車子的存在，而是將它們視為機器。神奇的是，車上有一些金屬、螢幕和窗戶，只要按一個**按鈕**就會打開（但如果媽媽裝了兒童鎖，後門就不會開）。車子的排氣管和散熱器也讓你很感興趣，因為這都透露著這臺機器的奇特運作**機制**。

■你覺得很神奇，人類似乎才剛剛開始運用科技滿足我們的需求。你喜歡想像，到了二一八〇年，世界會變成什麼模樣？

■你不認為科技就只是機械和資訊處理而已。對你來說，鉛筆也是吸引你的科技模型：單純、直覺、堅固、完美發揮**功能**（你很喜歡削鉛筆機，有時候甚至只為了享受使用這臺小機器的樂趣而削鉛筆，你喜歡看著小小的木屑從刀片上落下）。在你眼中，連襪子也是一種「穿戴式足部科技」。

■你討厭人們把未來和噴射背包畫上等號，因為未來肯定比那有趣多了。

■你喜歡思考：這個問題的**本質**是什麼？如何更便宜、更輕鬆地解決？

7. 助人的快樂

■你從小就喜歡被接納的感覺。你姊姊很討厭被父母指派去收碗盤，但你很喜歡，這會讓你覺得有所**貢獻**。當你看到父母忙著煮飯或打電話給水電工時，你很高興自己能幫忙**分擔**家務，因為你讓他們少了一件事要忙。

■玩扮家家酒時，你特別喜歡救人的情境——某人要被食人魚吃掉了，而你在最後一秒把他拉回小船上（其實是你家的沙發）。

■你喜歡朋友們向你**傾訴**煩惱。你不知道能做什麼，但你喜歡努力說出安慰的話語（有時，當他們拒絕你立意良善的評論時，你會覺得很難過）。

■你覺得如果能對他人造成好的**影響**，工作就很有意義，例如帶給他人快樂，或是解決他們的問題。這讓你覺得自己有所貢獻。當你聽到別人因為你的努力而受益時，你會感到特別滿足。

■你父親以前只要以為汽車鑰匙弄丟，就會慌張憤怒，你喜歡成為可以順利**安撫**他的人，並說：「想想看，你昨天晚上回家時做了哪些事？」他有一次是在廁所裡找到鑰匙的。

8.領導的快樂

■你不只想掌控一切，你還很**享受掌控**一切（這兩者間的差異你很小時就有所體會）。學校裡很多同學都想要被選為隊長，但他們並不喜歡負責，只是想要地位而已。你想要的是隊長這份工作、這個角色，以及將想法付諸實現的機會。

■你喜歡其他人尋求你的**建議**。你不只會說出腦中的想法，你是真的想要解決他們的問題。你希望他們能相信你的判斷。

■你喜歡努力贏得領導權，而不是透過某種協商或授予程序。

■你喜歡聽非典型成功領導者的故事。十四歲時，你讀到某個將軍的故事。為了拯救部隊，他選擇投降。雖然戰敗，但你覺得他是真正的領導者。

■其他人陷入恐慌時，你發現自己更能集中精神。你喜歡自己這個特質。

■當其他人說他們盡可能逃避**責任**時，你會直覺地對他們心生厭惡。

■年紀很小時，成名這個想法讓你很興奮。這對現在的你已經不太有吸引力了，反倒像是擅長某事後帶來的不幸副作用。

9. 教學的快樂

- 如果有人犯錯，你會很想要**修正**。
- 你在七歲時遇到一個很棒的老師，她知道你總是認真上課、努力嘗試（即便你可能會犯錯）。
- 你喜歡把自己的知識**傳達**給別人，喜歡幫助他們把恐慌和挫敗轉化為技能和信心。
- 你知道自己「教學」時必須很小心，人們不喜歡被說教，但你最喜歡的就是填補其他人知識的缺口。

10. 獨立的快樂

- 第一次獨自開車時，你根本不想停下來。
- 你喜歡早起，享受寧靜時光，**專注於自己**的計畫與工作。

- 對你來說，成長的意義就在於**脫離**那些能控制你的人。
- 你喜歡獨處，很少會感到無聊。
- 你對團體旅行或導覽敬謝不敏。
- 當你讀到某個人辭掉工作，創業從西非進口酪梨時，感到興奮不已。
- 你喜歡對某一本書、某一件藝術品產生自己的見解，就算其他人覺得你很奇怪，你也不太在乎。
- 有時候，人們會抱怨你沒有團隊精神，而這並不全然是不實指控。
- 你一點也不擔心一個人的夜晚。這樣的時刻給你**思考**的機會。你不懂為什麼有些人總是只想要閒聊。

11. 秩序的快樂

- 寫作業時，你希望你寫的字跡越清楚越好；假如你得使用橡皮擦，會仔細確認擦拭得不留痕跡。用原子筆寫字時，你很討厭犯錯，也曾經嘗試另外貼一張紙來覆蓋錯誤處，讓紙張整體看起來乾淨些。

■你對**收納**餐具的抽屜很著迷，因為每個東西都有專屬收納的位置。每次妹妹隨手把湯匙扔到放叉子的格子，你都會覺得很生氣。

■雖然並不擅長自然科學，但你覺得週期表的概念非常神奇，可以把一切都**歸類**為一系列的元素，讓混亂的世界變得井然有序。這觸動你的內心，但老師在解釋每個元素的細節時，你還是會不小心分心看著窗外。

■你不喜歡人們對「歸檔」表現出嗤之以鼻的態度。

■你喜歡依照光譜來**排列**色鉛筆，但似乎總會遇到一些問題，例如黃色應該屬於白色或淺綠色？（那黃綠色呢？）

■當人們說故事時跳來跳去，會令你非常不爽（「對了，還有件事我剛剛忘了說……」）。

12. 自然的快樂

■你無法忍受現代建築中那些無法打開的窗戶。

■八歲時趴在地上仔細觀察刺蝟或蝸牛，對你來說是很美好的回憶。你覺得**動物**可以成為你的好朋友。你喜歡想像動物的一生，覺得那和人類的一生一樣有趣。

■你喜歡**露營**，特別是天氣不好時。在暴風雨中搭帳棚是個有趣的挑戰。

■曾經，你和家人在鄉下散步時突然下起雨來。每個人都在抱怨，但你卻很開心。你只是把外套的兜帽戴起來，享受著雨滴打在鼻子上的感覺。

■觀賞英國生物學家大衛・愛登堡（David Attenborough）的紀錄片時，你的心情都很複雜。一方面，你覺得非常有趣，但你並不想只是坐在沙發上，抱著一盤洋芋片看著。你想要**親臨現場**，到雨季非洲大草原的沼澤，或是攀登加拉巴哥群島的岩石。即使雙腿陷入泥濘，或是手被岩石劃傷也無所謂。

讓你的才能與快樂點，滿足世界的需求

每個人對上述快樂類型的感受程度都不同。有些吸引力特別強，或許能獲得較高的優先順位。在閱讀的過程中，你可能會發現某些快樂點讓你感觸特別

深，這些就是你應該在職涯中尋找的元素。

和與他人談論工作時，試著問他們：「你的工作中，哪些部分最讓你感到快樂？」當你閱讀他人的職涯故事時，觀察他們日常工作中的快樂點，是否與我們本身對快樂的需求有所交集。

你的理想職業應該處於一個黃金交會點——在這個點上，你的才能與快樂，可以剛好滿足這個世界的需求。

行動指南——如何確定這份工作真的適合你？

快樂點與需求的黃金交叉

步驟1：回顧並記錄你的快樂時刻

閱讀前面的十二個快樂點，看看那些能令你感到興奮，或是勾起你的回憶。在最吸引你的部分，寫下你過去的經歷，例如以前享受的事物，或是工作中帶給你快樂的部分。

你可能得花一點時間才會想起來。一旦大致上有了注意快樂點的概念，你或許就會想起（在超市等著結帳，或是等紅綠燈時）自己十歲時很喜歡的東西，能列在表格上的哪一項。不要急於找出答案，因為理解自己的真正樂趣可能是一場終生的探索。

步驟2：排列你的快樂順位

在上述清單上加入自己的想法後，某些快樂點可能會讓你特別有共鳴，有些則相當無感。請根據你的內心感受，按照最重要→最不重要的順序排列這些快樂點。

最終在選定工作時，你一定會被迫做出一些犧牲。每一份工作都會符合某些快樂點，在某些方面則稍微不足：或許比較多的創造力，但比較少的領導機會；或許能花許多時間來理解世界，但比較少助人的機會。排列出快樂點後，你就能清楚知道自己重視的是什麼，也就是在未來找工作時應該追求的，有時甚至得犧牲其他的面向。

步驟3：檢視你的理想職業

如果想知道怎樣的工作會帶給我們滿足，就得先知道自己的快樂點。然而，快樂本身並不會為我們指出特定的職業領域，而是幫助我們檢視自己所考慮的工作是否合適。

選擇曾經浮現在你腦中，讓你有些感興趣的任何一份職業（就算不是很認真考慮的也沒關係）。想想這份工作是否能滿足你快樂點清單上的前幾項（你比重視的那些）。就算你後來認為這份工作不太能滿足你的快樂點，你也得到了寶貴的資訊，你會更清楚知道，哪些工作為什麼不適合你。

對於每個你曾經想過的不同工作，都重複這項練習。翻一翻報紙分類廣告徵才求職的部分。目標是練習從快樂點出發，評估任何可能的工作。

有時候，透過與他人對話，能幫助我們更深入挖掘自己的興趣與價值觀，喚醒我們的記憶，讓我們想起更多細節。當我們解釋喜歡或不太喜歡的理由時，通常會連帶想起更多資訊，也更清楚且深入了解自己的熱忱。

所以，現在該做的，或許是把你的快樂點排行榜拿給朋友們看，和他們逐一討論。更棒的是，這是很適合與朋友一起進行的活動。這能讓他們更加了解你這個人的有趣之處。最理想的狀況下，你也能和對方討論他們的排名。

2 別對夢想工作暈船了！

在思考職業選擇時，常見的錯誤之一就是過度執著於特定工作，而這份工作由於種種原因，並不一定是可行或實際的選擇。這可能是因為該工作極為難以獲得，可能需要多年準備，或是該產業變得不穩定，無法提供良好的長期發展機會。

我們將這種情況稱為「固著」（fixation）[1]而不只是單純的興趣，代表這樣聚焦於單一工作的態度是有問題的——我們會因此感到龐大的壓力，覺得未來的成功只能來自這個職業，在求職的過程卻又面對重大阻礙。

舉例來說，我們或許會固著於文學出版，卻發現相關職缺很少，而且通勤範圍內的房租都太高，單靠薪水根本負擔不起。或者，我們認真想投入長篇專欄寫作，但該領域的經濟基礎已經大幅削弱。我們或許對從政充滿熱忱，不過真正能影響重要政策的機率卻少得可以；我們或許固著於影視業，不過其中的競爭太過激烈，成功的機會極低又極不可靠。

擺脫這種固著的關鍵在於更準確地理解自己真正感興趣的內容。當我們能夠深入拆解出自己關注的核心元素，就會發現這些興趣和相對應的快樂點其實並不如過去所想像的，只局限於特定的職業領域。正是因為對自身需求的理解不夠深入，我們才會用傳統且表面的方式去解讀就業市場，並且讓我們的選項大幅限縮。

固著的狀況並不只會出現在就業上，人際關係也會受到影響。我們可能會對特定的人產生固著，喜愛和欣賞之餘，甚至在對方沒有好感、態度惡劣的情況下，仍然離不開對方。即便受到錯誤的對待，我們還是會對自己說（以及身邊的人）：「我就是無法想像少了對方的生活，他太特別了！」（也許是他們

1 編按：最初由佛洛伊德（Sigmund Freud）提出的心理學概念；指在童年發展過程中對特定對象（人或事物）產生依戀，並將這種情感模式延續至成年，影響其人際關係與行為選擇。

偶爾展現出的幽默感，或是抱持某種我們欣賞的黑色幽默。）

反固著心態：拓展可能性

擺脫這種固著的第一步，並不是告訴自己「我不愛這個人」或是努力忘記對他的痴迷。相反，我們要非常認真具體的分析，這樣的痴迷從何而來——並且讓自己看清：**我們所欣賞的特質也會出現在其他人身上，並不局限於無法和我們創造美好關係的那一位**。仔細探索自己喜歡的人格特質或許不容易，但這將會解放我們，讓我們發現，自己其實也能愛上別人。

對於職業選擇而言，了解我們喜歡的特質，是擺脫固著的一大關鍵。當我們能夠深入理解自己為何被某種職業吸引，就能發現這些特質並不僅限於該領域，而是廣泛存在於許多其他職業中。**真正吸引我們的**，不是特定的職業，而**是在那份工作裡所感受到的滿足感**。而之所以只會注意那份職業，則是因為該職業顯著集合了這些特性。

問題就出在這裡：特性過度明顯的工作會吸引太多關注，導致求職者過多，最終提供的薪資也就相當有限。然而，這些職業所具備的核心特質，並不會只存在於這些明顯的工作中。如果我們知道如何找尋，就會發現它們具有某些共通性，並以不那麼明顯的形式出現在其他職業中。

想像有個人對成為新聞記者懷抱著極高的熱忱，於是「新聞記者」這個詞便盛載了他認為自己想要的一切。從年輕時開始，這份工作對他而言就代表了榮譽和刺激、興奮和動力。他開始習慣家裡的長輩們都稱他是「未來的記者」。這一切從他十二歲時開始。然而，新聞業此刻正雪崩式下滑，而職缺更是僧多粥少。阻礙和痛苦因此產生。

不能只夢，要仔細想

在這種情況下，最好的做法不是繼續進行毫無結果的求職和無薪實習，而是問問自己：究竟我對於「記者」這個職業所抱持的熱情，真正來自哪些內在需求？這些需求是否可能在其他工作領域中得到滿足？

我們容易停留在表面的職業名稱上，而忽略了其真正帶來的滿足感；我們通常喜歡的都是一份工作廣泛的**氛圍**。然而，假如使用快樂點分析，就能開始揭開面紗，更深度探究工作帶來的愉悅感。檢視完畢後，我們或許會發現新聞記者的工作提供了以下滿足感：

- 參與嚴肅政治和社會議題。
- 分析政策與趨勢。
- 好好寫下自己的想法，以及因為批判能力而受到敬重。

確認這些元素後，我們就能看出，這些滿足感不可能僅和新聞業有連結。這樣的組合不可能只有報紙和雜誌才能提供，事實上，也不可能專屬於任何職業領域。這些特性實際上存在於其他許多地方。

舉例來說，金融業的投顧公司需要大量人才，來分析新興市場的潛能和風險，並向客戶解釋；大學需要分析教育產業的變化，並向教師與行政人員傳達策略方向；石油公司也可能需要分析其未來的人才需求，並向世界各地的分公司人資團隊傳達……這些產業都不屬於新聞業，但其需求和機會，卻能提供完全相同的快樂。表面上看起來僅限於新聞業的快樂點，其實也分布於這些產業中。

經過探索，我們會發現**自己追尋的快樂比想像中更具流動性**。不一定只能在媒體界追尋，如果在不同產業中尋找，或許有更容易取得、更具保障、經濟效益更高的選擇。

這個練習的目的不是要我們放棄自己的「夢想」，而是解放，讓我們看見自己想要的，其實也存在於想像之外的地方。

同樣的分析也可以應用在「專業角色」上，例如教育工作者不一定要發生在小學或中學，也可能在航空業（你得教新進員工關於產業的特性）或是財務管理公司（你得教主管如何面對棘手的客戶）。又或者，固著於政治的人可能會意識到，他們所追尋的快樂（對社會帶來影響）同樣也能在觀光局或石油探勘公司中找到，而這些工作甚至更有回報，也更具影響力。

假如不了解自己真正追尋的是什麼，可能會覺得這是在妥協。快樂點分析最出人意料，也最讓人感到豁然開朗的是，要找到一份我們熱愛的工作，關鍵從來不是某個特定的行業部門。只要理解正確，快樂其實隨處都能找到！它可能出現在不同的、意料之外的地方。深入了解自己喜歡什麼，就能帶給我們更大的自由和選擇。

行動指南　如何確定這份工作真的適合你？

設計理想工作徵才廣告

步驟1：回顧你曾經的愛戀，理解你的吸引點

我們最熟悉的擺脫執著經驗，通常和愛情有關。回想幾年以前，一位曾經讓你深深迷戀的伴侶（不是現在這位）。你喜歡他的哪些地方？

列出一張清單。或許你喜歡他個性木訥，但會和你說些甜蜜的話。或許你喜歡他笑的樣子，或是他棕色的頭髮。把這些特定的事物整理成具共通性的特質。例如：

- 甜美。
- 害羞。
- 幽默。
- 頭髮。

現在，想想這些吸引你的特質，是否也曾在其他人身上出現過？既然你已經走出那段感情（或傷痛……），你應該會知道，這些特質肯定也會出現在其他人身上。而我們從愛情中學到的教訓，也能應用在工作上：你或許執著於特定的領域，但你真正渴望的，可能是該工作帶來的某種體驗。你可以在其他地方找到相同的滿足和刺激。

步驟2：拆解「夢想職業」，找出核心樂趣

首先，寫下你想做（但進入門檻較高）的工作：

- 新聞記者、建築師、政治人物……

接著，寫出在你的想像中，這些工作的哪個部分特別美好？想像這些工作最美好的一天，並找出最令你興奮的瞬間。例如：

- 成功談成一筆交易。
- 抵達香港準備採訪。

- 走進攝影棚、拍攝現場。
- 在團隊會議中主導討論。
- 參與現場探勘。

再來深入探究這些最興奮時刻，找出共通的快樂特質：

- 協商談判。
- 旅行。
- 成為注目焦點。
- 負起責任。
- 影響一個地方的外觀。

最後想像這些吸引你的地方，可以如何在其他地方追尋。對於你所列出的每一點，都找出其他三個可能出現的工作或職業。

步驟3：撰寫你的「理想工作徵才廣告」

一般來說，當我們在企業組織求職時，都必須符合其條件要求（包含必要的資格、特質、經歷，例如「團隊精神」等）。

在這個練習裡，讓我們扭轉一下：撰寫一則徵才廣告，而它必須是最適合你，並符合你所列出的理想工作樂趣——能發揮你所有才能、符合你內心使命感的工作，會是什麼樣子？

這個廣告的目的，不是為了迎合現有的工作，而是讓你更清楚自己想要的「樂趣」應該在哪些領域實現。

當你開始具體思考自己的核心需求，你會發現，世界上可能根本沒有「一個完美符合自己需求的職業」，不過有很多行業與角色能夠滿足你的核心興趣——這才是找到值得熱愛的工作的關鍵。

WE WANT YOU！

我們正在尋找一位理想候選人，他應該具備以下特質：

- 熱愛整理與設計空間。
- 對於大型企劃充滿熱情。
- 對人際關係與團隊運作充滿興趣。
- 願意負責長期策略規劃。
- 希望與聰明有才華的團隊合作。

這份工作將包括以下內容：

- 設計能影響數百萬人的應用程式。
- 負責品牌形象與空間設計。
- 參與跨國公司收購案。
- 享受高級晚宴，機場接送，與全球專業人士交流等。

3 我愛閱讀，所以適合做出版……

我們常見的一種工作選擇方式，是根據我們喜歡消費的產業來決定自己想要投入的職業。我們喜歡該產業的最終產出（outputs），因此想要在職涯中參與其投入（inputs）的部分。

這意味著我們可能會排除就業市場的很大一部分，只因為那些領域和我們喜好的消費品沒有明顯連結。

假如我喜歡圖像創意，那麼可能就會對水泥產業不屑一顧。

假如我喜歡大自然，很可能會認為自己並不適合能源產業。

假如我喜歡表達自己，或許就不認為自己該尋找金融業的工作。

我們會從產出結果的角度來看每個產業，因此草率地判定哪些職業無法滿足自己的需求。

然而，若我們能從「投入」的角度來思考職業選擇，可能會發現許多原本被自己忽略的機會。這些投入的過程，往往與最終產出的樣貌截然不同，因此**如果我們只關注最終產品，可能會錯過大量適合自己的職業選擇**。因此，在思考某個產業時，我們應該更謹慎地分析，在產出產品或服務的過程中，需要的是什麼？投身該產業的人們究竟在做什麼，才能生產我們所看到的結果？我們不一定要真的進行全面的事實查核，只需要發揮自己的想像力，合理推測產業進行了怎樣的運作，才會有最終的輸出。

擴大求職視野：關注「投入」而非「產出」

乍看之下，運輸業或許和我們的興趣相距甚遠。畢竟，我們討厭海洋，對於停在港口的大型貨輪也完全不會怦然心動。然而，從投入的角度來看，運輸產業需要的技巧和熱忱，其實涉及許多多元化的工作職能。

投入的部分需要的是積極的長期國際合作，以及和參與的每一方進行務實的談判。可能會面對未知情況下的重大決策，會涉及複雜的法律和政治協商，會需要將大量的數據轉化為一目瞭然的分工表格，需要評估並進行廣告行銷，需要組織並籌辦會議，公司內部也會有龐大的溝通需求。

換句話說，運輸產業的很多部門，其實都和讓貨輪通過蘇伊士運河沒有什麼關聯。所以即便你對於運輸（產出）沒有特別的興趣，也未必代表不能在這個產業中找到可能的職涯發展。

又或者，想像有個人自動排除新聞業的可能性，因為他認為（乍看之下）新聞業主要關注的是寫作和對時事的分析。然而，假如我們仔細思考，會發現一定還有其他類型的輸入，才能生成我們所看到的輸出。

媒體公司一定很重視預算控制，也會需要謹慎的資源分配。如果媒體企業要有所成就，還必須了解客戶的需求和興趣，甚至可能得發展新的商業模式。所以，即便對寫作當前事件的新聞沒有興趣，新聞業仍然可能提供你所感興趣的快樂點：人事組織、複雜程序的簡化、時間管理，或是教學與學習。

由於這些都不會出現在新聞業的最終產出結果，所以通常比較難聯想到。

但只要我們從投入的角度深入思考，會發現其實它們都至關緊要。

除了運輸業或新聞業，其他產業其實也都是如此。需要的投入往往和我們對該產業最直覺的聯想有所不同。因此，與其問自己是否喜歡某個行業的產出，不如問問自己**是否能在該行業的「投入環節」中找到樂趣**。這樣的想法轉換看似微不足道，實際上卻能解放我們，大幅增加了求職的視野。

行動指南——如何確定這份工作真的適合你？

你的工作日常長什麼樣子？探索職業的實際樣貌

如果想知道不同工作幕後的實況，也就是真正的快樂點，我們就應該分析不同工作背後的「投入」與「產出」。

步驟1

不要想太多，直覺列出符合以下條件的幾份工作、領域或產業：

（a）有吸引力的。

（b）無趣的。

（c）無感的——你不曾真的考慮過的領域。

步驟2

對於上列的每種工作：

- 描述其產出：主要的產品和服務是什麼？
- 接著從投入的角度思考——盡可能細節地想像，如果要產出這類產品和服務，可能會需要怎樣的投入。
- 觀察對於產出和投入的描述間有怎樣的差異。

步驟3

將你的快樂點清單（第一小節的練習）與投入的部分加以對照。哪一份工作集合了你的快樂點呢？

步驟4

思考完第三步後，回頭檢視（a）吸引（b）反感（c）無感的清單。是否有哪項工作讓你改觀了？

練習題：奇特但令人興奮的工作

步驟1

先列出五種你感興趣的工作。接著，再列出十五種，包括你的夢想職業、看起來有趣的工作，甚至是你從未真正考慮過，但覺得很酷的行業。就算不切實際也沒有關係。

步驟2

檢視後面十五種比較特別的工作。這些工作吸引你的地方是什麼？這或許不會是你實際追求的職涯——你寫的可能是圖書館員、喜劇演員、遊戲節目主持人、果園的工作人員、管家，或是聯合國的職員。不過，你會想到這些工作，可能代表了你對某些元素的渴望。

反思一下，這些奇怪但刺激的工作裡，有什麼元素吸引了你？我們的目的是幫助你發掘自己真正熱愛的要素，讓你在更現實可行的職業選擇中，找到類似的滿足感。

4 你不了解的真實體驗

了解自己的快樂點，並且以理想的工作為中心建立對完整的想像後，我們會開始察覺到：自己其實並不真正了解不同職業的實際情況。我們通常並不清楚，某個領域實際的工作是什麼狀況。

當然，如果稍微研究一下，就能找到很多資訊：

■ 退休制度。
■ 是否有員工餐／餐點的價位。
■ 出差頻率。
■ 績效考核系統。
■ 企業文化／職場氛圍。
■ 升官的可能性。

■平均薪資。

■同領域中新興的公司……

這些都是很實用的資訊，不過它們和快樂點的關連可能不大。這些訊息沒有辦法回答最重要（但鮮少人提及）的問題：「實際從事這份工作會是什麼感覺？」

我們想要釐清的是（舉例來說），當木匠、政府官員、航空公司機師、企業律師等，每天的工作體驗會是什麼樣子？前面我們探索了令自己快樂的事物，但光是如此並沒有辦法為我們清楚指出特定領域的職業。

接下來能做的，是檢視我們可能會感興趣的工作，並評估其是否能提供我們所重視的快樂點。這些職涯是否能符合我們對快樂的需求呢？

行動指南——如何確定這份工作真的適合你？

模擬「誠實訪談」，檢視你的理想職業

我們或許已經透過徵才廣告、部落格文章或與他人交談，對某份工作有一些了解。然而，我們卻時常偏離真正重要的事物。我們並沒有發揮自己具備的背景知識，合理判斷一份工作的真實體驗，因此難以做出抉擇。

步驟1

想像一份你感興趣的工作。假如能百分之百誠實，你會問正式員工什麼問題，來了解真實的工作經驗呢？

你的問題可能包括以下幾項：

- 你星期一早上的心情如何？
- 最常令你感到焦慮的事情是？
- 最令你感到滿足的時刻？

- 你的同事是否令你感到挫折？
- 你在工作場合會有怎樣的對話？
- 你在工作上最欣賞的是誰？為什麼？
- 你的工作體驗是否有隨著年資改變？如何改變？改善或惡化？
- 當你不需要工作（例如假日）時，還會想工作的事嗎？會想什麼？
- 你覺得自己很適合目前的工作嗎？為何？為何不？
- 具體描述你工作上的成就。

步驟2

你或許永遠不會有機會去訪問真正的員工，但根據你對這份工作的認識，想像自己就是這位員工，並且為每個問題寫下詳盡的答案。

這項練習能幫助你更清楚地想像自己在這份工作中的真實感受，從而評估它是否真的符合你的期望。

第三章

阻礙你前進的錯誤信念

1 祖傳三代的……職業框架

即便我們漸漸了解到怎樣的職涯最適合自己，也不代表難題就此解決：我們可能還得努力突破許多心理上的障礙，才能順利朝著找到的目標前進。

其中最大的障礙，可以追溯到我們的家庭。在人類大部分的歷史中，年輕一代的職涯幾乎都由前一個世代所決定。你可能會像父親那樣成為農夫或士兵，或像母親那樣成為裁縫師或老師。職涯的選擇少得可憐，而背離既定路線的懲罰又極其嚴苛。在十八世紀的普魯士，法律規定貴族的兒子不能創業或從事貿易。十九世紀的英國，如果女兒堅持想成為歌手或演員，那麼在社會上受到敬重的父親甚至會選擇把她關進瘋人院。從根本概念上來說，律師的孩子就不可能成為陶匠或木匠。

接著，到了二十世紀初期，羅馬式的意識形態受到動搖，社會才漸漸擺脫了階層的限制和子承父業的概念。父母親在愛情和工作這兩大領域，終於把權力交還給子女，讓每個兒女都能自由選擇。我們獲得解放，能和任何喜歡的人結婚，並從事任何喜歡的工作。

然而，理論上雖然自由了，實際上家庭的期待卻仍在暗中造成影響，限制了我們職涯的走向。父母或許在法律上已經不再有權力控制我們的銀行帳戶，或是限制我們的人身自由，但他們還保有強大的工具：在我們違背期望時，便威脅不再給予親情。愛對我們的控制力，就和法律一樣強大。

在我們的內心深處，總是有所謂的「家庭職業框架」在運作，限制我們對工作的想像，並鼓勵我們朝特定的方向前進。這樣的運作會偏好特定的工作形式，並排除某些職業類別。

在最無害的情況下，家庭職業框架是由父母對於職場的理解所形塑。每個家庭都會因為成員從事某些特定的行業，而對該領域較為了解，因此將該職業有血有肉地帶進其他成員的想像中。

在我們的記憶中，總會有一些家庭每一代都出醫師。從小時候起，這類家庭的成員就會聽到許多病人的趣事、病房的競爭、資深醫師的有趣習慣，以及醫學院的快樂和痛苦。因此，他會自然而然地認為，當時機成熟，自己也能投身醫療業。

其他家庭則可能累積好幾個世代的律師、會計師、水手、飯店大亨、鐵匠或廚師。子女可能會時常聽到法院的軼事和壓力、拯救生命的英雄、教育的好處、管理廚房的優雅活力、談成交易的興奮，或是維持街頭治安的殊榮。

在家庭這樣的輕鬆情境中接觸到這些職業成員（職場和私生活之間的距離縮得非常小，因此讓偉大的成就變得似乎唾手可得），我們自然會覺得特定的行業是最實際的選擇。或許我們的舅舅是機場塔臺指揮員，但由於我們記得他割草和講笑話的模樣，所以這個行業感覺起來就沒那麼遙不可及了。

我們很少會直接替背離家族事業貼上「錯誤」、「邪惡」或「愚蠢」的標籤，但**如果某個職業從未出現在家庭討論中，孩子可能會覺得它根本不在選擇範圍內**。舉例來說，假如家裡沒有人是運動員、電子工程師或劇場工作者，那麼我們根本不會知道該從何開始想像。我們在感情上所依賴的家人，無法在這些領域提供我們建議。如此所造成的限制，並非源自他們心思邪惡，或是他們深入了解我們的個性後，不願接受我們真實的意向，反倒僅僅是因為他們自身的經驗相當狹隘罷了。

「我是為你好」：隱形的家庭職業圈

除了上述情形，也有些情況潛藏著比較多的價值判斷。家庭職業框架有時反映的是父母所看重及努力的目標，以及他們所害怕和逃避的。在許多家庭裡，父母親會對特定的職業表達敬重：或許是偉大的作家、大法官、校長或公務員。這些通常不是父母本身的職業，而是他們曾經的目標（但未能達成）。

許多父母親會悄悄把自己的夢想交給後代完成——但通常不會直接告訴子女，他們已交付了重擔。然而，他們會透過明示暗示，讓孩子知道特定的道路才能鞏固那份家庭的愛與敬重。他們將會成為父母力有未逮的建築師，或是父母錯失機會的創業家。其中乍看之下沒有脅迫的成分，但十五年來為特定職業塑造的光環必然影響深遠，而反之亦然。

我們也同樣可能接收到暗示，認為某些職業地位比較低，不應該自貶身價。現代的父母無法架起絕對的障礙，不會因為我們進入房地產管理業或成為音訊工程師，就因此不再和我們說話。然而，他們可以塑造出強烈的心理氛圍，特別強調某些行業的負面之處。

父母可以巧妙表達他們對某份社會普遍接受的職業感到不屑，或許是悄悄暗示沒有理智的人才會想要當牙醫，或是會計師是懦夫的選擇。他們或許會暗示當老師是在浪費生命，或者只有道德敗壞的人才會考慮成為顧問。他們可能會透露，只有精神失常的人才會當建築師，或者心理學領域都是江湖郎中或神經病。

我們會察覺到父母的期望和熱情，因此產生嚮往。因為我們深愛父母，所以會希望能滿足他們。這都是很自然的，但很不幸，這可能會與真正能帶給我們滿足的職業背道而馳。

在小說《米德爾馬契》（*Middlemarch*）中，英國作家喬治·艾略特

（George Eliot）述說了成功製造商的兒子弗雷德・芬奇（Fred Vincy）的故事。他深愛的父母親都堅信他會成為神職人員——並不是因為他有多適合，而是因為那是他父親夢想的崇高工作。

故事的結尾，弗雷德成為土地測量員，過著滿足快樂的生活。不過，艾略特花了大量篇幅，描述職涯抉擇對弗雷德造成多大的心理壓力。弗雷德清楚意識到自己讓家人失望，這也在他和姊妹間造成裂痕，因為她們覺得測量員是丟臉的工作；此外，他更感受到大學朋友對自己的鄙夷。艾略特所說的，是關於主角差一點就無法擺脫家庭框架的故事，因為她清楚意識到，有太多人無法達成弗雷德的成就。這並不令人太意外：在愛和個人滿足之間，人們通常會選擇維繫和賦予自己生命的父母之間的感情，而放棄未來的道路。

現代社會和過去最不同的，就在於父母親改成以非常隱微的方式傳達他們的價值觀。弗雷德的父母可能會直接命令他選擇特定職涯，並且非常具體地批判他。然而，現代父母鮮少這麼做。只不過，這和給予子女真正的選擇自由還是有所不同。

由於家庭職業框架是無形的，我們未必能看出其對我們造成的強烈影響。為了讓自己重獲自由，我們得主動逼迫自己思考：這張由家庭期望織成的網，是否讓我們困住了？

我們應該問問自己，家庭的職業圈內包含了哪些行業，又有哪些選擇落在圈外——接著認真思考，哪些很正常的行業被獨斷固執地貶低。我們應該問問自己，父母親是否懷抱未完成的夢想，又是否把這些重擔加諸我們肩頭，讓我們無法追隨更深層真實的自我？我們也該思考，父母心中是否有職業高低的排名。他們表面上當然會說職業無貴賤（「我們只希望你快樂」），但我們得釐清他們透過怎樣的方法，暗示職業在他們心中確實有優劣之別。

在耐心探索後，我們會開始看見父母的影響如影隨形，阻礙了某些重要的選項，或許也阻止我們去追尋內心深處所渴望的職涯。

破解職涯成見：重新審視家庭對工作的影響

練習一：熟悉和陌生的職業

步驟1

列出對你來說很熟悉的職業，例如你的家庭成員或身邊的人所從事的行業。有哪些行業對你來說再清楚不過？可能是你的家庭成員最自然的選擇？

步驟2

現在，想想有哪些工作在你家庭共通的經驗之外（例如，從小到大，你或許不曾和會計師、偏鄉醫師、電視播報員、數學老師、人資專家，或是大藥廠的員工相處過）。

列出令你的家庭感到陌生，卻不知怎地有點吸引你的工作。

練習二：職業的「好」與「壞」

我們繼承的家庭職業框架中，往往包含了對於職業好壞、可敬或可疑的價值判斷。即便沒有明言，每個家庭都有自己的價值體系，釐清這些價值觀，有助於你更客觀地看待各種職業選擇。

步驟1

你是否曾經感受到，父母親對特定的工作抱持負面觀感（雖然他們未必會承認）？舉例來說，他們可能對於律師或學校老師的觀感一點也不正面；雖然沒有直說，但他們可能會暗示體力活不適合「我們家的人」，或是工作中無法發揮創意的人都令人同情。

大致整理出你的家庭可能會歸類為「壞工作」的職業。你覺得這些工作是否真的有哪裡出了問題？你自己的看法呢？有沒有哪個「壞工作」其實很吸引你？如果把你聽過的負面觀點放到一邊，這些工作有吸引力嗎？

步驟2

列出你的家庭所推崇的職業。他們推崇的點是什麼？你對這些工作真正的看法如何？這類職涯對你來說，是否其實有一些不太吸引人／無法讓人滿足的地方？

練習三：家庭中的職場故事

步驟1

回想你父母親是否提過，在工作上的困難和成就——或許是晚餐後的閒聊，或是他們下班時疲憊的抱怨。寫下所有你能想到父母親對工作的故事或想法，不論是他們自己的工作、其他人的工作，或是工作這件事本身。

舉例來說：

- 客戶總是想要最便宜的，一點遠見也沒有。
- 大企業毀了一切。

■中小企業註定會被大企業給吞噬。
■當老師沒有前途。
■在找工作之前，你應該做好完整的人生規劃。
■沒有人知道自己應該做什麼，我們都只能順其自然，希望上天有最好的安排。
■有很多人做事亂七八糟，但都能一帆風順。
■實力是成功的關鍵。
■同事通常都很懶惰、自私又愚蠢。
■能和比自己厲害的人當同事很棒，你能從中學習。
■除非能成為第一，不然做什麼都沒有意義。
■老闆總是只顧自己的利益。

步驟2

假如有位私家偵探被聘請來調查你，以及你選擇的和夢想的道路，他們能發覺這些暗中影響你的價值觀嗎？你是否曾經抵抗過某些觀點？這些觀點是否也得到你的認同，成為你世界觀的一部分？在你的世界觀中，有哪些是出於自己的探索和思辨，又有哪些是受到家庭環境和想像所影響？

2 跨世代修復工程

如果想知道自己是否走在對的職涯道路上，其中一個很重要但也相對隱祕的標準是，我們是否感覺自己在某些方面「超越」了父母。這並不代表我們很刻薄或殘忍，而是反映出我們選擇了自己覺得對的職業，並從中得到動力。

不過，我們得先討論「過得更好」是什麼意思。傳統上來說，我們會從經濟的角度來解釋。如果下一代能買得起更大的房子、到更高級的地方渡假，就會被認為是過得更好。

然而，「過得更好」還有比較巧妙且有趣的解釋方式，可以代表**我們透過工作，修正了父母的某些心理缺憾、盲點或極端之處**。撫養我們長大的人在其人生經驗中，幾乎必定會有某種缺失或遺憾。

或許父親的生活沒有太多娛樂，或許他童年時深受經濟不穩定之苦，因此在職業上最重視的是保障。或許母親瘋狂追求冒險，因為她的原生家庭過於僵化。她喜歡還未功成名就的藝術家，以及永遠不可能成名的偏激導演。她總是唯妙唯肖地模仿她那保守的弟弟，讓這位弟弟成為許多家庭笑話的主角。

某種程度來說，職涯的選擇其實受到個人潛意識的影響，希望能治癒父母心裡的某些層面。舉例來說：

- 你可能會很想證明能在追求穩定的同時，也從事對自己有意義的工作。
- 可以在不失去本心的情況下，爭取世俗價值的成功。
- 在追求收入的同時，也能兼顧和子女的親密關係。

我們都有種衝動，希望能超越上一代的某些限制。換句話說，我們的職業選擇是一種跨世代的修復工程，試圖在不背棄父母價值觀的前提下，補足他們人生中的遺憾與困惑。我們通常會以為，自己可以在人生中解決所有問題和困境。然而，有時候可能要結合兩到三代的努力，才能拼湊出睿智、明智（又令人滿足）的職業態度。

毫無疑問，許多我們無法達成的目標，都將轉移到自己的子女身上。

因此，我們應該問的是：

・我們該如何透過工作，在心理的成熟和快樂上超越自己的父母？

・該如何修復上個世代思想和情感上的錯誤？

・即使父母已經過世或對我們的幫助不感興趣，我們仍然可以透過自己的職業選擇來「幫助」他們嗎？（畢竟，潛意識並不在意這些細節。）

這些問題將協助我們關注自己發展上的需求。

想要超越父母的念頭對我們很有幫助——目的不是要羞辱他們，而是修正特定思維模式對他們帶來的痛苦態度。或許我們的父母（不一定是他們的錯）缺乏策略或過度守舊、太過天真或相當憤世嫉俗。他們的人生有一些特定問題，但我們不一定要照單全收。我們可以消化、反思他們的挫敗，並從中學習。在選擇職業時，我們應該先問問自己：對我而言，真正的「比父母過得更好」意味著什麼？

別踏入同樣的困境

一份適合我們的工作，除了能夠符合我們的興趣與能力之外，還可能在某種程度上，讓我們有機會「改善」父母曾經歷過的職業困境。這個練習將幫助你探索這個可能性。

步驟1

回想你父母在工作中感到不滿或受挫的地方。他們會說自己的職涯缺少了什麼？在你看來，他們的的職業生活有哪些不足或過度的地方？

例如，他們的工作：

- 太過無趣。
- 風險過高。
- 令人過於疲憊或沮喪。

- 沒有發展前景。
- 過度專注於討好他人。
- 有太多要求。

步驟2

針對每一個問題，思考你需要從事什麼樣的工作，才能避免在自己的職涯中遭遇相同的困境。這份工作未必會比你父母的職業「更好」（舉例來說，可能不會有更高的薪水或社會地位），但從你的角度來看，這份工作為何能改善你父母曾經遇到的問題，讓你的人生與職業發展更加理想？

3 你的成就或許是他們的遺憾

我們可能會認為，父母（和手足、朋友及其他家人），會單純因為我們的成功而開心。畢竟，當我們六歲時在拼字測驗考高分，大家都很開心。他們應該沒有任何理由，不為我們或大或小的各種勝利感到快樂。

然而，這樣的想法可能會讓我們錯失了人類心理最重要、也最隱密的部分：我們的成功可能會讓身邊的人感到坐立不安，特別是父母。因此，我們可能會無意識地想要減輕他們的焦慮，或是選擇挑戰他們的感受，但這卻造成我們相當大的壓力和罪惡感（這樣的拉扯可能會讓我們自毀前程）。

父母會自然地想要與孩子保持親密關係，他們投資了大量時間，把自己的價值觀傳遞給孩子，並培育他們的適應力和競爭力。然而，這樣的愛絕非毫無條件，幾乎總是伴隨著隱藏的期待和要求。

在某個時刻，父母慷慨的愛可能會觸及界線，這樣的界線來自他們脆弱的自尊心和成就感。或許到了某一天，子女開始對父母的權威產生威脅，這不是出於懶散和怠惰，反而正好相反：子女的活躍成就讓他們和家庭產生了分隔，並無聲地控訴父母的生活方式。

子女的成功，往往會凸顯出父母輩說不出口的遺憾與妥協。假如成功的時刻與父母職涯退縮的跡象同時出現時，更是明顯：或許父親多次被冷落，顯然無望進入主管階層；也或許母親為了照顧病弱的祖母，被迫將工作日減到一週三天。

在這樣的時刻，強烈的罪惡感會阻止我們繼續追逐夢想。我們害怕的不是自己會失敗，而是假如成功了，會有怎樣的後果。和父母（或手足）對抗的想法有時感覺太過可怕，讓我們一開始就想要放棄。

雖然渴望成功，但成功本身也是很複雜的狀態。成功會引來仰慕，但同時也招人嫉妒。成功會凸顯我們的價值，卻也可能在無意間貶抑我們周遭者的地位。我們通常會向外找尋職涯挫敗的理由：或許是辦公室的權力鬥爭或大環境的不景氣。但有些時候，理由單純是內在的，不是因為我們能力不足，而是我們在心理上自我壓抑，不願意超越養育我們的人。我們可能會故意「失敗」，以便保全我們所依附的人事物，例如不讓父母感到難堪。

當審視自己的職涯發展時，我們或許可以鼓起勇氣，問問以下奇怪但有幫助的題目：假如我成功了，可能會讓誰難過？我想向誰報復？我們可以試著完成以下的句子：

- 假如我成功了，我父親可能會覺得……
- 假如我成功了，我母親可能會覺得……

你是害怕失敗，還是害怕成功？

當然，除了成功之外，還有另一種選擇：自我毀滅。我們應當意識到，快樂和滿足有時會令人不安。雖然我們都認為自己追求的是快樂，卻未必真的知道何謂快樂。成長過程中，我們或許會慢慢接受更灰暗的情境。也因此，當快樂職涯的可能性出現時，我們卻覺得它可能有點不合邏輯，甚至有些可怕。這不是我們所預期的，令我們感到太過陌生。

和陌生但美好的職涯相比，我們或許會選擇自己所熟悉、安心的，即便這樣的職涯可能更困難。追求自己想要的，可能會讓人們覺得風險太大，無法承擔——因為這使我們必須接受希望，而希望可能導致失落。

相對的，自我挫敗雖然讓我們感到沮喪，卻至少使我們感到安全，因為我們仍然掌控著自己的命運。當我們在職場上出現奇怪的表現，例如在關鍵時刻表現不佳、無意間破壞自己的機會時，**我們應該警惕自己，是否正困在過去那個「不快樂版本的自己」**？

在「朋友」身邊，我們也應該小心。之所以用引號，是因為有許多所謂的朋友，並不會遵循我們所相信的友誼守則。一群人之所以成為朋友，通常是因為共同的恐懼和脆弱。朋友們所共同害怕的事物，就和共同的喜好一樣重要。因此，某位成員的成功或是改變，都可能會威脅到群體中脆弱的心理平衡。

表面上，朋友可能會說他們支持你做任何決定，但事實上，你的某些選擇可能會動搖他們對自己職涯選擇的信念。例如，如果你決定放棄醫學研究轉而投身商業，那麼那些曾堅持「金錢沒那麼重要」的朋友，是否會開始懷疑自己的立場？如果你選擇離開出版業或會計業，轉而加入科技公司或經營牧場，那麼你的朋友過去十年的職涯決定，是否會因此動搖甚至顯得可笑？

面對其他人的嫉妒，我們應當抱持開放的心胸：嫉妒來自對方心中最脆弱的一面。然而，這代表我們不一定能從預期的人那裡得到鼓勵和支持——並非因為我們做錯了，而是因為我們的正確讓他人感到不安。

他們可能會想引起我們的愧疚自責，但我們要保持冷靜和心理上的距離，了解到對方可能只是為了自我保護；而我們每一次的職涯選擇，都可能引發和親近之人的衝突。

追尋自己真正想做的事，可能會使我們不得不讓某些人失望。**我們可能得因此放棄一些人**，結交新的朋友，並重新思考與家人間的關係。

要知道，這些都是成功的必經之路。如此一來，我們就能有勇氣面對追求職涯最重大的考驗。

職涯成長的隱形代價

我們通常不會刻意去思考「成功可能帶來的危機」。然而，這樣的恐懼可能會藏在我們的潛意識中，阻礙我們全力以赴。以下的練習能幫助我們找出這些焦慮。

步驟1

你的成功可能會以什麼方式讓父母感到不安？即使他們不會明說，甚至同時為你感到驕傲，內心仍可能有些複雜的情緒。

舉例來說，他們或許會有以下感受：

- 自己過去沒能把握住所有的機會。
- 假如他們向你坦白自己的職涯經歷，你可能會為他們感到惋惜，而這是他們不樂見的。

- 你可能不再仰慕他們的成就，因為這些在你的成功前都相形失色。
- 他們很難接受你比他們更有錢（舉例來說，父親很可能一直想當付錢的人。就算是很大的負擔，那也是英雄般的舉動，他不希望被你奪走）。

步驟2

你的成功可能在哪些方面令你的朋友難受？想像你快速上升到責任重大的職位，或是賺了一小筆財富，又或是有機會能和名人相處。你能想像這會讓某些朋友暗自嫉妒，或是害怕失去你的關注嗎？

步驟3

假如你宣布要換工作，有哪些朋友或同事不會支持你嗎？你覺得原因是什麼？舉例來說，他們可能會覺得你在暗指他們不夠有冒險精神。他們或許會覺得，對他們來說已經夠好的工作，你卻看不上眼。他們可能會擔心，你的個性會因此改變，甚至威脅到你們的友情。

步驟4

思考一下，你的朋友和家人是否希望你維持現在的工作就好？可能是因為：他們已經習慣你的工作；他們幫助你起頭，如果你改變，感覺有點不知感恩；他們希望能透過你的工作控制你。他們很擔心，所有的改變都有風險，也不希望看到你受傷。

4 自信與內心的聲音

我們很少認真思考，或許也不曾與其他人討論過，但在面對職涯挑戰時，許多人都會聽到內心的聲音。我們的心中會有喋喋不休的思緒，持續對我們的目標和成就提出評價。

有時候，這樣的聲音溫暖又激勵人心，帶給我們力量，或是鼓勵我們再試一次：「快成功了，堅持下去！」「不要被他們影響，休息一下，準備好面對明天的挑戰。」然而，這樣的聲音有時會比較嚴苛，彷彿在譴責我們，又或是太過悲觀，帶給我們恐慌和羞辱：「蠢蛋，你還以為你能克服一切阻礙嗎？」「你總是逃避面對真正的自己……」

這些嚴厲的內在聲音可能讓我們覺得再自然不過，但另一個人在相同的情境下，可能會擁有截然不同的內心對話，而這些差異或許正是成功與否的關鍵。成功在很大程度上取決於自信——一種信念，相信自己沒有理由不成功。

有許多偉大成就其實不是出於極高的天賦或技術，而只是源自我們內在的信心，如果知道這一點，或許會令我們震撼。這樣的自信心，其實就是**把其他人對我們的信心加以內化**的結果。

內心的聲音都來自我們以前曾聽過的話語，經過吸收後成為我們的一部分。在不知不覺間，我們內化了從嬰兒時期開始聽見的許多話語。我們或許吸收了祖母關愛包容的語氣、父親冷靜的態度，以及母親的幽默。但過程中，我們也會接收到家人的憤怒或不耐煩、年長手足的威脅和打擊、學校惡霸的言語霸凌，或者是老師的吹毛求疵和刁難。我們之所以會將這些負面言論內化，是因為在過去的那些時間點，批判聽起來很合理也無法避免。這些訊息將會嵌入我們的思考模式，成為我們世界的一部分。

追求理想職涯的過程，包含接受內心的聲音。我們必須了解這些聲音的運作方式、傳遞的訊息，以及可能的源頭。我們必須審查這些聲音，剪掉一些比較沒有幫助的。為此，我們應該提醒自己：「**我可以選擇要聽見哪些聲音。**」

我們應該努力覺察這些訊息，不再只視為隨機出現的雜訊，並且選擇往後面對挑戰時所聽見的語調。

如果想改善對自己說話的方式，就必須想像出全新的、同樣有說服力且有建設性的內心聲音。這可能會是借用你朋友、心理師或特定書籍作家的聲音。在面對難題時，我們需要時常聽見這些聲音，才能習慣成自然，最終變成我們給自己的自然回應，並內化成我們的想法。

最理想的內心聲音和溫和、善良且冷靜，感覺應該像是充滿同情心的雙手，環抱著我們的肩膀，而且這雙手屬於見多識廣的智者，不會輕易感到苦澀或恐慌。這雙手的主人應該自己克服了許多挫敗，最後得到成功，或是寬心接受失敗，不因此而自我厭惡。

在職場上遭遇挫敗時，許多人會產生一種錯覺，認為困境剝奪了我們被愛的資格。我們必須告訴自己：成就與愛無關，失敗並不代表我們不值得擁有愛。另一方面，成功也只是自我認同的一部分，而且不是最重要的部分。

這個包容的聲音傳統上來說會是母親的聲音，但也可以是愛人、我們喜歡的詩人，或是九歲的孩子傾聽父母在工作上的壓力。這樣的聲音是能不看成就，而愛著你真實模樣的聲音。

成長過程中，許多人身邊都圍繞著容易緊張的人：有些人找不到停車券就會發脾氣，有些人會因為輕微的行政問題（例如電費）就打亂計畫。他們或許並非刻意要傷害我們，但他們對世界與自身的懷疑，無形中也影響了我們的信念。每次面對考試，他們都比我們更緊張。當我們出門時，他們會一再詢問我們有沒有穿暖。他們擔心我們交到壞朋友、遇到不好的老師。他們很確定每個假日都會發展成災難。

現在，這些聲音變成了我們的一部分，讓我們無法正確評估自己的能力。我們內化了所有不理性的恐懼和脆弱。然而，時機成熟時，我們應當改變內心的聲音，來緩解想要逃跑的恐懼，並提醒我們潛藏在內心深處的力量。

我們的內心有著廣闊的空間，容納著一生聽過的無數聲音。我們應該學會降低那些無益的聲音，並放大真正能幫助自己的話語，讓它們引導我們度過職涯中的難關。

行動指南——突破職涯選擇的內心戰場

你都怎麼對自己說話？

步驟1

問問自己，遇到以下狀況時，你的內心通常會出現什麼聲音？

- 當你害怕某件壞事發生時。
- 評估事情的進行狀況。
- 對某人感到厭煩。
- 覺得任務很棘手。
- 發現別人遲到了。
- 必須做自己不想做的事。
- 當你達成某個成就。

這項練習能夠幫助我們照亮自己的內在對話，雖然這些對話對我們來說再熟悉不過，但我們往往沒有意識到它們的影響。這也會幫助我們養成習慣，觀察自己內心的運作方式。

步驟 2

你會如何形容內心聲音訴說的內容呢？

哪些是負面的？哪些是正面且有幫助的？

步驟 3

你可以把這些內心的聲音，和過去認識的人加以連結嗎？哪些人？試著把每個聲音都連結到特定的人身上。

步驟 4

找到最寬容的聲音：想像如果它能夠變得更響亮、更頻繁地出現，它會在什麼時候對你說什麼呢？

5 完美主義的陷阱

一般來說，我們會以特定的職涯為目標，通常是因為被該領域佼佼者的成就所吸引。我們的夢想可能是因為看到建築師設計的美麗機場航廈、追蹤華爾街富裕券商的高額交易、閱讀文學小說家的作品解析，或是品嘗到得獎主廚餐廳裡的美味料理。我們因此以完美為基礎來規劃我們的職涯。

接著，受到這些大師的啟發，我們邁出第一步，然後就發現問題了。我們一開始所設計的、在交易中得到的收益、試寫的短篇小說，或是為家人煮的料理，都顯著地低於自己所嚮往的標準。正因為太清楚何謂完美，我們更無法容忍平庸——不幸的是，我們的表現也只落在平庸的程度。

我們因此陷入痛苦的困境：懷抱著完美的夢想，卻看見了自己的平庸與不足。我們落入了所謂的「完美主義陷阱」，也就是對完美的強烈渴望，卻缺乏成熟且充分的理解，無法接受達成它所需的過程。

這幾乎不能怪我們。媒體在無意識的情況下，排除了數十億條平凡的生活紀錄和失敗與拒絕的經驗，甚至連成功者所經歷的挫折也被刪除，為的是要精心調配每日的亮點和顛峰時刻。

因此在我們眼中，這些成就不再是現實狀況中的罕見特例，反而成了我們「應該」追求的常態。我們開始以為，每個人都很成功，畢竟我們聽到的都是真實成功的案例——但我們卻忘了，圍繞在周遭的必然是更多的淚水和失敗。

我們的視角失衡，因為我們很清楚自己的內在掙扎，外在接觸到的卻都是**看似輕鬆**的成功故事。

我們無法原諒自己在草創初期的差勁表現——僅僅因為我們沒有機會看見那些自己崇拜的大師，他們的初稿同樣不堪入目。

我們應更理性地看待事物，了解每一項值得我們效仿的成就，背後都歷經許多困難。

舉例來說，我們不應該去看博物館裡的大師名畫，反而應該到畫室裡看看飽受痛苦摧殘的初稿，以及藝術家崩潰時在畫紙上留下的淚痕。我們應該看看，建築師在收到第一次正式委託前，經歷了多少年的努力（可能數十年以上）。我們應該了解，某位獲獎無數的作家，早期的故事曾被無數次退稿。我們應該更近距離探索，企業家在創業成功之前有過多少次失敗。

我們必須接受失敗是不可避免的，也該允許自己在很長一段時間內，帶著不完美去嘗試——如果不願付出這樣的代價，就不可能在幾十年後的某天，時機終於成熟時，帶來輝煌燦爛的成功。

拆解完美主義的迷思

完美主義反映的是缺乏耐性，也是一種對「事情必須達到何種程度才算可行」的誤解。

步驟1

想一位在你的領域中，令你非常仰慕的成功者，列出他最大的成就。

步驟2

試著找出或想像他們曾經歷的失敗。你或許不會知道具體細節，但可以想想失敗的計畫、寫得不好的書、票房慘澹的電影、破局的商業談判等。

步驟3

繪製一條這位偶像的職業發展軌跡，看看他們在人生中有多少時間是在妥協或失敗中度過的？即便發生了這麼多問題，他們是否仍然能夠大致保持前進的方向？

步驟4

完美主義隱含的概念是，失敗和成功互不相容。這反映了一種誇大後的焦慮：假如事情進行不順利，會有怎樣的悲劇發生？

- 你如何定義「失敗」？其他人也會這樣定義嗎？
- 你曾經失敗過嗎？
- 那時的後果是什麼？真的如你當初擔心的那麼嚴重嗎？

6 責任的陷阱——熱情 vs. 務實

我們的生命從追求樂趣與享受開始。童年初期，我們大部分的時間幾乎都在追求有趣的情境，無論是水坑、蠟筆、球類、泰迪熊、電腦和廚房抽屜裡找到的小東西，都是我們的好夥伴。一旦情況變得挫折或無聊，我們就會放棄，動身尋找新的快樂來源——而其他人似乎也不介意我們這麼做。

接著，突然之間，大約五、六歲時，我們被迫面對新的現實——「責任法則」。這意味著有些事情（或者該說許多事情）都是我們必須做的；不是因為我們喜歡，而是因為其他人如此要求（這些人對我們充滿權威和威脅性，體型可能是我們的三倍大）。這些巨大的人說，只有這麼做我們在三十年後才能賺錢、買房子、到國外度假。聽起來很嚴重，對吧？

即便我們在家裡哭著告訴父母，自己不想寫隔天學校的報告，他們卻往往會站在責任法則這一邊。他們或許會以憤怒或不耐煩的語氣回應，實際上這些情緒背後潛藏的是他們的恐懼——害怕我們無法在成人世界生存。他們可能會警告我們，如果連這樣簡單的作業都無法完成，那未來就無法找到工作，甚至無法適應這個社會；然而，我們真正想做的卻是搭建樹屋。

關於我們真正喜歡什麼、從何得到樂趣的問題，在剩下的童年時期還是偶爾會浮現，只不過越來越少。我們大部分的時間被學習所占據，只剩下假日和週末能追求快樂。明顯的界線於焉出現：快樂是留給興趣的，痛苦才是工作的本質。

這也難怪到了大學畢業，這樣的二分法已經根深柢固，我們根本無法嚴肅地思考：「**我真正想做的是什麼？**」甚至不會認真問自己：「**在未來的人生裡，我真正會樂在其中的工作是什麼？**」這不是我們學習的思考方式。責任法則主宰了我們八〇%的人生，幾乎成了我們的本能。我們相信，好的工作本質上就很沉悶又令人厭煩。否則，為什麼會有人付錢請我們做呢？

我們非常看重負責任的思考方式，因為這看起來像是在競爭激烈的廣大世界中最安全的道路。然而，責任法則未必能帶來真正的保障。一旦結束學業，責任就成了披著美德外衣的風險。這條規則不僅無助，反而成為一種障礙，主要原因有兩個。

首先，當代經濟體系中的成功，通常只屬於那些可以做出非凡貢獻、擁有傑出想像力的人——而若想要如此，恐怕非得「享受」工作才行（否則，你在多數情況下都只會感到憂鬱和精疲力竭）。唯有帶著強烈的內在動機，我們才有可能得到充沛的能量和腦力，在競爭中脫穎而出。如果只是基於責任進行的工作，相較之下就僵化無力、黯然失色了。

第二則是，當我們是為了內心的熱情而工作時，就會對其他人的快樂與需求更為敏銳，因此能滿足客戶的期望——我們越能掌握自己的快樂，就越能理解客戶和市場的快樂。

換句話說，快樂不是工作的相反詞，而是成功工作的關鍵原料。

然而，問題在於：拋開金錢與社會聲望，單純思考「自己真正想做什麼」——這違反了我們多年來所受的教育和累積的直覺，且會讓我們感到很不安和恐懼。我們需要堅定的見解和成熟的思想，才能堅持對的事：當我們在工作中發揮個人最充滿創造力和真誠的一面，才能帶給其他人最好的，也才能對社會有最大的貢獻。**責任或許能讓我們取得一份穩定的薪水，但唯有真正樂在其中的工作，才能帶來真正的卓越與成就**。

當人們因為責任法則而受苦時，我們或許得建議他們採用比較偏激的做法——想像你躺在臨終的病床上時，會如何看待自己的人生？這種思考方式或許能幫助我們抽離，不再擔心別人的想法。

對於生命終點的想像會提醒我們，有些東西比社會責任更為重要：對我們的才能、興趣和熱情負責，而不是一味遵循社會對於「成功」的刻板定義。臨終病榻上的觀點，能幫助我們清楚看見：過於「務實」的職業選擇，其實是一種隱藏的冒險，甚至比追尋快樂更具風險。

重新思考工作的本質

步驟1

成長過程中，你是否曾經把工作想像成自己能享受的事物？試著想起具體的事件：或許你十歲時曾在放學的路上突然想到，自己有一天得找工作。你是否想像求職的過程刺激有趣，彷彿一場冒險？還是覺得這更像是一種責任，就像每天必須做自己不願意做的家事那樣？為什麼你會有這樣的想法呢？

步驟2

假如保證會有充足的收入，但是每個星期至少得工作四十個小時，你會選擇做什麼？你是否發現自己對興趣和休閒活動更有熱情，而對「工作」這件事則較為消極？如果完全拋開「責任」的考量，你對工作的感受會有什麼不同？

如果不必考慮「責任」，你會想做什麼？

7 冒牌者症候群

面對許多個人或職涯上的挑戰時，我們很可能會產生以下的想法而踟躕不前：「像我這樣的人，怎麼可能會成功？」我們很清楚自己有多愚蠢、焦慮、笨拙、粗俗又乏味。我們認為成功的可能性只屬於其他人，因為我們一點也不像身邊那些受到讚賞的人。面對責任或權力時，我們很快就認定，自己只是冒牌者，就像是扮演機長的演員，雖然穿著制服，開朗地向乘客廣播，實際上卻連怎麼發動引擎也不會。連試都不要試，感覺輕鬆多了。

冒牌者症候群的根本原因，來自於我們對「其他人究竟是什麼樣子」的極度錯誤認知，這實在一點幫助也沒有。我們覺得自己是冒牌者，不是因為我們有什麼與眾不同的缺陷，而是因為沒能想像**其他人在光鮮亮麗的外表下，其實也存在著許多缺陷**。

冒牌者症候群的根源可以追溯到童年時期，特別是當孩子們深切感受到自己和父母截然不同時。四歲的孩子根本無法想像自己的母親也曾經四歲過，沒辦法開車、告訴水電工家裡哪裡出了問題、決定別人的睡覺時間，以及和同事一起搭飛機出差。

父母和子女間的地位差別是絕對且無法跨越的。孩子們所熱愛的事物，例如在沙發上蹦跳、企鵝家族卡通和瑞士巧克力棒，都和父母沒有關係。成年人只喜歡坐在桌子前聊天好幾個小時，喝著嚐起來像生鏽金屬的啤酒，而不想到外頭跑來跑去。於是，在人生初期，我們就建立起深刻的錯覺——其他人，特別是有實力又值得敬重的人，和我們完全不同。

這樣的童年經歷和人性的本質相符。我們從內而外認識自己，但其他人卻只能從外表認識我們。我們持續意識到自己內在的焦慮、自我懷疑和愚蠢，但我們對其他人的認識，卻僅限於對方告訴我們的，以及其行為所反映的——這樣的資訊來源太過狹隘，且經過審查。

我們通常會因此認為，自己屬於人類中比較奇怪又讓人反感的那一端，但事實當然並非如此。我們只是沒辦法想像，其他人就和我們一樣困惑。我們雖然無法得知外表傑出的人，內在有怎樣的痛苦或煩惱，但能肯定的是，痛苦和煩惱一定存在。我們或許不知道對方有哪些懊悔，但肯定有著令他們悔不當初的事。我們可能說不出對方具體的性癖，但它也一定存在。之所以能確定，是因為脆弱和偏執不會只發生在我們身上。這是人類普遍的天性。

克服冒牌者症候群的關鍵，在於邁出信念上的一大步：相信其他人大腦的運作方式基本上和自己相差無幾。**每個人一定都和我們一樣焦慮、不確定又反覆無常**。我們必須明白，自己大部分的感受（特別是比較羞恥或難以啟齒的部分），其實在每個人身上都多少能有所共鳴。

理想的情況下，藝術作品應該帶領我們進入令我們感到敬畏者的內心世界，讓我們看見他們所經歷過平凡、混亂和焦慮的時刻。如此一來，我們或許才能了解，脆弱並不會限制我們對偉大成就的追求。這正是偉大哲學家蒙田（Montaigne）的目標。他饒富趣味地用淺白的法文告訴他的讀者：「國王、哲學家和女士們一樣，都會大便。」

蒙田想說的是，雖然有一大堆關於大便的證據，但我們大概也不會想像這些人蹲馬桶的樣子。我們從未看過傑出的人這麼做，而另一方面，我們卻對自己的排泄行為瞭若指掌。因此，我們可能會漸漸覺得，自己的腸胃特別不好，大概沒辦法當上哲學家、國王或女士；假如以這些角色為目標，我們終將只是冒牌者。

這是個很棒的例子，雖然沒有親眼看見，但我們都知道，偉人一定和我們用相同的方式排泄。在蒙田的引導下，我們能比較合理地判斷位高權重的人真實的模樣。然而，我們真正要應付的不是對身體機能的缺乏自信，而是延伸到心理層面。

蒙田想表達的，大概也包含國王、哲學家和女士們都和我們一樣，會自我懷疑、缺乏信心，有時候會不小心撞到頭，有時候則會對家庭成員產生奇怪的壞念頭。

除此之外，我們也不該只想著十六世紀的法國大人物，而是要更新到當代的企業總裁、大律師、新聞主播和成功的新創企業家。他們也都會有崩潰的時候，覺得自己承受不了壓力，或是對過去的決定感到羞愧懊悔。

這些感受和大便一樣，並不是我們和他們之間的差別。內在的脆弱，自然也無法阻止我們達成和「成功人士」一樣的豐功偉業。假如我們成為像他們那樣的角色，也絕對不會是冒牌者，就只是一般人罷了。

在信念上邁出一大步，看見別人真實的模樣，就能幫助我們將周遭的世界都人性化。這意味著當我們遇到陌生人時，對方其實並不陌生；無論外表的證據如何，對方和我們的本質都相當類似——也因此，**沒有什麼能阻礙我們負起責任，追求成功，並獲得真正的成就與滿足。**

你以為只有你不完美？

步驟1

想想看你有哪些弱點，是別人未必了解，外表也看不出來的。即便你覺得自己的弱點很明顯，其實你比想像的更擅長隱藏。想像別人因為對你有了新的發現而感到驚訝。是什麼讓他們驚訝呢？

步驟2

問問自己，為什麼這些失敗和脆弱，在別人看來並不明顯。你是否因為厭惡，或是渴望欺瞞他人所以選擇掩飾？還有其他沒那麼邪惡的理由嗎？或許你根本無意掩飾。假如你的缺陷經通常很難被注意到，那麼同理可知，其他人的缺陷很可能也會被隱藏起來。

步驟3

現在，轉換角度來思考。想一位你仰慕的人，試著想像他們出於比較單純無害的理由，隱藏自己的煩惱。他們可能有怎樣的缺點和恐懼？

8 職業投資陷阱：以前的時間都浪費了……？

很多時候，我們之所以很難想像自己追求喜歡的工作，部分原因是：轉變通常伴隨著一段令人尷尬的適應期。至少會有一段時間，我們得面對收入下降、得學習新的能力，或許還需要先搬回家住。

我們可能會失去競爭力，而新領域中和我們同年的人，可能早已遙遙領先。我們可能得承受好幾年的低階職位。這樣的過程會讓我們難堪，覺得度日如年。這違反了心懷壯志者的本能，因為他們天生渴望看見快速明顯的進步和成果；還需要進一步受訓這一點，也可能會讓他們反感。

「職業投資陷阱」指的就是雖然某一份工作看起來很有吸引力，但是需要投資的時間和尊嚴卻帶來太強烈的負面感受，讓我們徹底放棄換工作的想法。不過，最終損失的是我們自己。

諷刺的是，職業投資陷阱在我們年輕時的影響最大。想像一位二十歲的年輕人，原本計畫投身化學工程產業，正努力取得相關的資格和證照。他在學校選修特定課程、爭取相關工作和實習經驗，並結識了一些目前任職於他理想職位的人。他已經投資了許多，然而，他卻突然開始認真思考起截然不同的職涯領域。如果想找到自己喜歡的工作，他或許得考慮成為景觀設計師，或是海洋生物學家。為此，他可能得再額外投入至少兩年的準備。

對二十二歲的人來說，兩年確實很漫長，占了他們迄今人生的一〇%；從心理學的角度來看，感覺恐怕還要更長——真正的「自我意識」可能從十六歲才開始，在那之前，你渾渾噩噩地度過童年和青春期，對自己人生的樣貌一點想法也沒有。所以，兩年感覺就像你一半的生命，可以說是至關緊要的決策。

但如果我們換個角度，站在五十六歲的角度回望，這兩年的比例便截然不同。它僅占整個四十年職涯的五%（十六到五十六歲），與未來幾十年的工作相比，這筆短期投資顯得微不足道。然而，如果不做這項投資，未來幾十年你可能都將被困在錯誤的職業選擇中。

同樣的情況也會出現在所謂的「愛情投資陷阱」。我們可能已經與某人交往了幾年，雖然有時關係還算愉快，但總體來說並不理想。然而，因為過去已投入的時間與感情，我們遲遲無法放手，因為你害怕尋找更適合伴侶所需要投資的時間和心力。

我們的思維過度關注當下，以至於讓長久以後的未來（雖然實際上將是我們人生的主要部分）**無法獲得應有的重視**。

這背後有兩個主要原因。第一，漫長的未來總是讓我們產生衰退的聯想。老化並不是讓人感到振奮的事情，反而會帶來煩惱。我們通常並不期待自己邁入五十六歲或六十七歲。因此，我們寧願避免考慮那個年紀的未來會有什麼興趣或需求。

我們所處的文化很推崇年輕的概念。人們總是說著年輕真好，卻很少提到年老時的好處或吸引力。於是，我們很少認真想像有哪些投資會在中年時帶來助益。為了對抗這樣的趨勢，我們應該畫出時間線來提醒自己：和二十歲到四十八歲，或是四十八歲到七十二歲相比，十六歲到二十四歲的期間真的很短暫。在理想的文化裡，我們二十二歲時，應該多看看描寫五十歲職場人士生活的電影與書籍，了解中年其實是職涯的顛峰時期，也就是成就和收入的最高點。如此一來，我們才能積極想像自己的未來，在權衡投資時也不再只想著現在，而是能綜觀整個人生的全局。

另一個讓我們無視長遠規劃的關鍵因素，是我們通常都處於自己的「時區泡泡」中。我們身邊大都是年齡和自己相仿的人，讓我們無法得到足夠的跨世代經驗。我們無法從年齡遠大於自己的人身上汲取內在智慧和經驗，所以對他們所處的生命階段缺乏具體認識。

我們需要更積極的策略，必須主動向其他人請教他們的生命經驗。我們得提出問題，更深入地探詢和追問。我們得請他們提供更多細節，讓他們分享自己的觀點如何隨著歲月改變，以及改變的原因。我們也不能只問單一對象，必須更廣泛定期地取經於他人。

你可能會覺得這麼做有點奇怪，但仔細想想卻又很合理——為了找到自己喜愛的工作，我們很可能得花時間和年紀較長的人建立關係。不一定要是處於我們感興趣領域的人。我們需要的是他們的協助，讓我們能認真面對以前嚴重忽略的議題：未來數十年生命的現實。

尋找真正值得投入的職業，需要我們超越短期的不適與恐懼，重新評估長遠的價值。或許唯有如此，我們才能正確評估重要但困難的職業投資是否值得，是否能幫我們找到自己衷心期盼的未來。

刺破你的「時區泡泡」

假如你知道自己能活到兩百歲（大約在一百七十三歲時退休），你會怎麼看待花兩年時間重新接受其他領域的職涯訓練？你的想法會因此改變嗎？

有時，想像自己的時間所剩無幾很有趣，因為這能讓我們聚焦於真正重要的事。然而，採取相反的觀點也很有幫助。假如沒有時間壓力呢？那麼你就可以關注自己人格特質中平時被忽略的部分。你或許就不會急著找到「正經」的工作，畢竟你還有好幾十年可以嘗試。你或許不用擔心如何保住飯碗或轉換跑道，畢竟人生還很長，投資都會是值得的。這樣的思想實驗，能幫助我們看見自己心中因為時間焦慮而壓抑的想法。

步驟1

回想自己和比你年長二、三十歲的朋友、同事或導師之間的對話（不包括父母與親戚）。若可以近距離觀察其他人的不同生命階段，往往會深刻影響自己對未來人生的想像（如果缺乏這樣的經驗，也會造成負面影響）。

步驟2

先把負面的內容放到一邊，在四十五歲、六十歲或七十五歲時，可能有哪些吸引人的地方呢？我們的文化總是推崇青春，因此讓我們認為變老就是場災難，進而使我們很難認真思考如何在長遠的未來發光發熱。

然而，如果我們能至少想到一些變老的好處，就能看得比較清楚，並且做更好的準備，也不再如此焦慮。

步驟3

當你到達以上年紀時，可能會有哪些擔憂或懊悔呢？

9

如果這真是個好點子，早就有人做了

有時候，我們對於理想工作的看法，和當下環境完全不符合。我們或許描繪出理想工作的樣貌，環顧世界卻發現這樣的職業根本不存在。我們意識到，如果想繼續追尋下去，我們就得發明自己的解方，得自己成為創業家。

當代社會對於企業家總有許多正面看法，認為他們象徵成就的顛峰。然而，我們對於自己創業卻感到恐懼，很容易失去勇氣，開始懷疑自己的初心。

通常，這樣自我懷疑的核心想法是：假如某個東西當前並不存在，代表它根本沒有存在的價值。這不代表我們的想法不好，而是我們在懷疑自己的創造力。我們都有自己的見解和想法，卻往往沒有信心。我們這裡所面對的缺乏信心，會削弱對自身創造力的信念，認為自己沒有能力創造出偉大的成就。

「企業家」這個詞本身就是一個稍顯不幸的稱呼，可能暗示我們，唯有與生俱來的罕見能者，才有可能成為企業家，而我們不應該抱持這種不合理的夢想。那些人是企業家，我們不是。我們在心裡描繪出的企業家畫像，和自己宛如天壤之別。他們具備神奇的、我們無法理解，只能望而生畏的靈魂。想克服這樣的障礙，首先得重新思考企業家到底是什麼。

我們一開始可能會想到，企業家常常必須募資、演說，並且每天喝咖啡熬夜研究各種報表；他們對科技很感興趣，住在公寓套房，會騎很特殊的腳踏車……但這些都只是次要的。本質上來說，他們的核心能力其實是對「人們真正需要什麼」有著精準的理解。

一開始，你或許會覺得要了解其他人的需求看似簡單，我們只需要開口詢問對方就好。然而，這其實非常困難：人們通常很難預先知道自己會想要、需要或喜歡什麼。即便他們未來可能會對某個產品反應很好，也不可能提供生產者相關的製作資訊。他們只能對既有的點子表達認同，而沒有創新能力。大部分偉大的發明，都絕對不是民意普查的結果。

因此，有創意的企業家必須轉向預期之外、難以捉摸的資訊來源，這樣的來源因為渾沌不清、沒有崇高的地位，而時常被我們忽略——也就是我們的內心。當我們專注傾聽和覺察時會發現，**內心和身體都是無比敏銳的儀器，每分每秒都能提供我們關於需求和快樂的線索**。

而由於人性的本質都很相似，我們也能就此了解其他人的需求和快樂。只要適當的覺察、精確的自我解讀，再加上不帶偏見的清晰想像力，我們就能蒐集到周遭人的關鍵需求——這都會是很棒的商機。在創新方面，了解自己和了解他人在本質上是相同的。

但這種內在探索需要極大的勇氣，因為我們真心喜歡或想要的東西，很可能偏離了社會主流價值。許多看似理所當然的習慣與產品，實際上已經偏離了人們真正的需求，但每個人都過於禮貌和壓抑，或是與真實的自己脫節，以至於不會提出質疑。忠於自我，有時意味著必須反抗社會推崇的標準。

無論是藝術或商業世界的成功創新者，都必須忠於他們最初可能被視為離經叛道的見解。美國當代生活風景畫家愛德華．霍普（Edward Hopper）絕對不是第一個感受到車站寂寞的魅力、深夜餐館令人安心的奇特氣氛的人。然而，在他之前的人很快就拋棄這些感受，因為這並不為整體社會所接受。

那些我們稱為藝術家或企業家的人，除了非凡的成就外，共同點就在於不在乎是否引人側目，而是全心投入在鮮為人知卻又意義深遠的想法上。霍普因為忠於自己的感受，而成了偉大的藝術家。

現代建築史的絕大部分時間裡，電梯都是最不受到喜愛，也最受「打壓」的建築元素。建築師會刻意隱藏電梯井，認為那一點也不有趣，不值得人們注意。然而，我們在童年時期很容易對電梯的隱藏部分特別感興趣。當門打開時，我們向下一瞥，會看到令人炫目的空間，布滿各種纜線、滑輪和平衡機制，比整棟建築的其他地方都要有趣得多。

英國建築師理查・羅傑斯（Richard Rogers）因為對科技（特別是電梯）的興奮感保持初心，最終成了偉大的發明家（和企業家）。他不像其他建築師那樣出於禮貌把電梯隱藏起來，而是懷抱熱忱地相信，在許多人冷漠的外表下，其實有著同樣的熱情。從龐畢度藝術中心（Centre Pompidou，一九七一年）開始，他設計的建築物都會展露出電梯井，因此讓我們在樓層間的移動成了欣賞科技的旅行，讓我們的情緒隨著現代工程的技術進步而高漲。

約翰・蒙塔古（John Montagu，更廣為人知的稱號是三明治伯爵），能享受那個年代（一七一八年—一七九二年）最棒的午餐選擇。他可以享用銀盤盛裝的牛排、烤雞翅配烤甜菜根，或是洋蔥派和一碗白醬濃湯。然而，他卻敏銳地發現到，和朋友們在倫敦市中心的俱樂部玩撲克牌時，最好的午餐選項應該要能用單手拿取，並且快速食用，還不會把手指弄得很油膩。於是，他叫人用兩片麵包夾一些肉類。這麼做不只是因為他突然有奇怪的靈感（雖然受到驚嚇的服務生可能會這麼認為），而是因為注意到別人忽視的需求，並且精準地提出解答。

這麼看來，三明治伯爵能身為貴族也不是巧合。雖然他最有名的發明，如今是上百萬平凡上班族每天的伙食，但象徵的卻是他傑出的心智——不但能**自信地認真面對自己觀察所得的想法，而且絲毫沒有屈從社會的主流價值或封建氣息**。

這裡的封建和貴族不僅僅是指社會階層的分類，更是一種心理狀態的區別。封建心態可以存在於任何階層，會使我們認為他人總是更有見識，而自己的任務就是服從。而貴族心態則相反，這讓我們能不顧前人或主流觀點，依然創造出重大的發現。三明治伯爵有足夠的信心，並展現了創新者最關鍵的思維——有自信面對其他人的嘲笑和批評，並堅定地問：「自己想要的是什麼？」

一八四一年，美國思想家愛默生（Ralph Waldo Emerson）發表了他最具影響力的文章〈自立〉（*Self-Reliance*）。其中，他試圖理解商業、政府、科學和藝術中所謂的偉大源自何方——而他的答案幾乎直擊核心。

天才，就是那些知道如何自省，並相信自身感知和想法的人。愛默生寫道：

> 「相信自己的想法，相信對自己內心來說真實的事物，對其他人也是如此——這就是天才。」

我們總是容易假設答案必定掌握在他人手中，但真正的創新者「學習覺察自己內在閃過的光明，而不是詩人與哲人蒼穹的光輝……在天才的作品中，我們會看到被自己拒絕的想法：它們帶著某種陌生的偉大回到我們身邊」。

因此，創意和平庸的差異，並不在於有創意的人擁有不同的想法，而在於

他們更認真面對自己的內心。讓他們能夠做到這一點的，正是愛默生推崇的人格特質：不懼怕羞辱的能力。

平庸的根源，在於過度依賴外界的標準，卻不傾聽迴旋在自己心中（就在表面之下）的想法和感受。我們內心其實隱約知道自己能做些什麼，卻不願意相信這種直覺。這種心態本質上是順從的、封建的，彷彿只有別人才有資格產生創新，而我們的角色僅限於接受現有的一切。

如今，穀物棒已成為我們熟悉的食品，似乎是一種理所當然的存在。但它在一九七五年才問世，是發明家史丹利・梅森（Stanley Mason，他也發明了擠壓式番茄醬瓶）的作品。

阻礙這項發明誕生的，正是人們對於「奇怪事物」的恐懼——人們害怕如果僅用幾片乾燥、結塊的穀物片製造出產品，會讓人覺得很荒謬。數十年來，所有人都有過回到家裡，直接把手伸進早餐麥片盒裡抓一把麥片，不搭配牛奶直接吃的經驗。但他們未曾認真看待這件事。

他們沒有意識到，自己如果把這樣的經驗商業化，就能創造出新的商機。

「害怕自己看起來很奇怪」，扼殺了無數優秀的創新點子。

之所以看這麼多企業家的故事，是為了打破對自身職涯發展的心理障礙，讓我們看見自己真正想做什麼。一個點子沒有被實踐，並不代表點子本身不好。真正使一個想法變得有價值的，是它與我們自身喜好與需求的精準契合。這也就是為什麼仔細分析自己的快樂點非常重要——這是最直接了解我們能為世界帶來什麼的方式。

好點子就藏在感受中

步驟1

花一天時間觀察並記錄讓你感到愉悅或困擾的事物，有些可能看起來很微不足道，例如：

- 我很喜歡公車平穩停止和起步的樣子，或許對自己的駕駛技術很驕傲。
- 我沒辦法同時拿一杯外帶咖啡、一把雨傘和一個公事包。

或者，這些感受可能較為深刻：

- 這位初級合夥人的手段令人印象深刻，不但將討論重新拉回原點，並且以非常簡單明瞭的方式總結了整個問題。
- 我整個早上都覺得糟透了，因為我一直想起前一天晚上和伴侶的愚蠢爭執。我不想要道歉，因為那真的不是我的錯。

步驟2

從你的不滿、渴望或快樂中，是否能誕生出什麼發明？你的挫折和快樂會指向怎樣的產品和服務呢？不是每件事都能得到可行、具體的結論（把紙杯固定在雨傘上的架子可能不會有市場）。這麼問自己的目的，是要讓你養成認真看待自身感受（無論正面和負面）的習慣，並意識到這都暗示著其他人可能也有的需求。

練習題：修復世界的一角

步驟1

這個世界上，哪些破碎的部分最讓你感到痛苦？你聽到的哪個消息讓你最心痛、最感動、最想要哭泣？電視的哪個部分最吸引你？是父母和孩子不再聯絡？戰爭爆發？孩子成為孤兒？建築物很醜陋？教育系統不公平又緩慢？

步驟2

接下來，思考看看你以個人的身分，可以做些什麼？任務是檢視自己有哪些能幫上忙的技能。你是否擅長談判？你是否很能同理悲傷哀悼的感覺？你是否能在保持美感的情況下，設計成本較低的公寓？

步驟3

最後，看看世界上的大問題和你的能力之間有什麼交集。找到這一部分的小小交集，就是你能為修復世界所做出的貢獻了。

10 追求進化，而非革命

當我們談到轉換職業跑道，有時會因為想像出的規模太大，以至於輕易打退堂鼓。我們想像中的變化充滿了戲劇性和爆發，因此覺得自己像是在發起人生革命，一切都會有所不同。而這種想法往往令人卻步，甚至讓人不願面對。

但我們應該意識到，自己對於變化的想像可能會造成問題，是阻礙我們前進的因子。我們或許想留在熟悉的舒適圈，或是走向另一個極端，驟然改變一切，進入全新的領域。我們會搜尋陌生的事物，只看著最極端的部分。這是因為我們本能（但錯誤）地認為：如果發生改變，一定會很激烈。

這種重大的思維習慣也會出現在我們的人際關係中。當關係緊繃時，我們知道自己得做點什麼來改善。然而，我們不是小心規劃較微小的改變，試著讓關係改善，反而是採取最激烈的選擇——外遇、分居，或是離婚。

比較有幫助的做法，是考慮從小處下手，慢慢促成改變：也就是說，要追求的是進化而非革命。

進化是非常穩定可靠的改變歷程，不過卻很難贏得人們的信任。不信任的理由之一，是我們很難親眼看見進化，所以無法輕易相信它的存在。進化發生時，通常不會有決定性的明顯時刻。就像是孩童的成長：我們通常不會每天看見變化，但在地毯上爬行、特別喜歡橘色小球的嬰兒，終究會長成身高一百八十公分、喜歡騎登山車的青少年。

我們都知道在這段歲月中，每天都會發生數百萬個微小的變化，卻不會明顯到吸引我們的注意。在表面之下，骨頭不斷成長、韌帶延展、神經建立新的迴路，能力不斷累積，態度和興趣也漸漸成形。

我們之所以會盛大地慶祝生日，有一部分也是為了讓我們更加意識到自己的進化。生日會提供我們相距夠遠的比較基準點，讓我們清楚看見微小變化累積的影響這也是為什麼在廚房門上標記孩子的身高變化會讓人如此感動。每週來看，變化似乎難以察覺，但年復一年，標記便會逐漸向上移動。這是一種用來彌補自然弱點的手段——我們很難相信那些看不見的過程。我們的大腦天生不擅長追蹤進化的歷程。

這也是歷史學家長久以來的考驗。

當我們想研究一百年間重大的社會變化時，往往會忍不住聚焦於大型公眾事件（新政府的選舉、公眾人物之死、戰爭、和平協議等）。但實際上，真正造成影響的，往往是數百萬個微小變化的累積。這樣的紀錄讀起來沒那麼刺激，卻更能準確解釋為何事情有這樣的演變。

也因此，我們很難用進化的觀點來看自己的人生，似乎也就不令人意外了。我們並未受過相關的訓練，能看見微小行動和整體變化之間的關聯。

然而，若想找到一份自己真正熱愛的工作，我們應該嘗試從些許溫和的改變開始。

或許可以從每天晚上的進修課程作為第一步，或是在假期中花三天時間探索某個職涯選擇，又或是加入為期兩年的在職訓練班。甚至，或許只要在現有的工作中接下新的責任，就能觸發巨大的變化。微小的行動可能提升我們的勇氣，讓我們在陌生領域中發掘自己的天賦。這也能幫助我們打破無益的主流迷思——即我們要麼完全保持現狀，要麼徹底翻轉人生。

奇怪的是，我們往往忽視了一個不那麼華麗卻至關重要的選項：謹慎且漸進的「進化式行動」。

先從小小的冒險開始

與其給自己壓力去規劃並推動重大的改變，我們可以試著進行一些分支計畫，或是業餘的小冒險。在重大革命性的轉換跑道決策前，你可以做出怎樣的小型改變，幫助你判斷自己在特定領域的才能呢？舉例來說：

- 在現有組織內，申請嘗試不同領域的工作。
- 來一場「職業假期」，不是去旅行，而是去體驗一份工作，請求跟隨某位從業者觀察一週。
- 與已經從事該行業的人建立友誼。
- 假如想搬家，先花些時間在你有興趣移居的地方看看。
- 假如某個職業的從業者習慣去某間酒吧或夜店，你也可以親自去感受這個環境。

- 想像你是演員，要扮演某個職業的角色。讀他們會讀的書，買他們會買的東西，想像自己就是那個角色。
- 接受比你當前薪水更低的實習工作。
- 進入夜校進修。

11 記住：人們終將死去

在近代早期，許多重要人物的書房裡常見的一件裝飾品是骷髏頭。儘管這件裝飾品怵目驚心地提醒我們生命的短暫，目的卻不是要人們因為世間萬物的虛無而感到沮喪低落；相反，是希望帶給人們勇氣，找到人生經歷中的缺陷不足，並且更認真面對其中某些重要的層面。

關於死亡的思考有著強大的力量，會將我們從日常中「永恆」的幻覺驚醒，促使我們專注在自己真正感興趣的事物上。

我們花了太多時間，想像「以後會有時間」追求自己真正的抱負。或許，我們應該在還有時間時，讓自己驚慌一下。俄羅斯作家列夫．托爾斯泰（Leo Tolstoy）在《懺悔錄》（*Confession*）這本書裡，記錄了死亡的想法帶給他的恐慌，以及隨之而來的思想果實。五十一歲的他完成了《戰爭與和平》（*War and Peace*）和《安娜・卡列尼娜》（*Anna Karenina*）等世界名著；然而，雖然名揚世界，擁有驚人的財富，但他卻意識到，自己的人生一直不是按照自己的價值觀或上帝的旨意生活，而是遵循著「社會」的價值標準。

這種價值觀驅使他不斷渴望比他人更強大、更有名、更重要、更富有。在他的社交圈裡，人們推崇的是「野心、對權力的熱愛、貪婪、縱慾、驕傲、憤怒和復仇」。然而，當他開始思考死亡時，不禁質疑起這些野心的空幻。

「好吧，你或許會在薩馬拉省擁有三千俄畝的土地和三百匹馬，但然後呢？……很好，你可能會比果戈里（Gogol）、普希金（Pushkin）、莎士比亞（Shakespeare）、莫里哀（Molière）和其他所有作家都還要有名——那又如何？』我一點也答不出來。」

對於這個大哉問，他最終找到的答案是上帝。剩下的歲月中，他都將遵循耶穌基督的教導而活。無論我們如何看待托爾斯泰對於人生意義危機的基督教式解答，他的追尋之旅都遵循著一條常見的軌跡。這是一個典型的例子，說明關於死亡的思考如何引導我們走向更真實、更有意義的生活方式，幫助我們更嚴肅地判斷自己所重視的事物究竟是什麼。

根據古希臘作家希羅多德（Herodotus）記載，在古埃及人的宴會接近尾聲，賓客酒酣耳熱時，僕人會抬著擔架上的人骨骷髏，在餐桌間穿行。這提醒人們死亡的存在，或許能讓他們更接近自己所重視的事物——無論是在尼羅河畔飲酒、寫一本書，或是賺一大筆錢。

於此同時，這也提醒我們別太在意別人的看法；畢竟，當死亡降臨時，沒有人能代替我們去面對。意識到自己終將死去，會讓我們更接近自己內心珍視的生活方式。這樣的想法並不殘酷，相反，或許這才是我們在尋找熱愛的工作時，最溫柔也最關鍵的思考。

行動指南｜突破職涯選擇的內心戰場

如果時間不夠了，你還會這樣過日子嗎？

步驟1

根據居住地的平均壽命，計算你大概還剩下幾年可活。為了嚇嚇自己，再扣掉癌症或心臟病（兩大死因）可能奪走的二十年。這個步驟的目的是製造一種有益且建設性的焦慮感，幫助你對抗那種「還有很多時間可以浪費」的錯覺，促使你正視自己真正想做的事情。

步驟2

假如只剩下一年可活，你會做什麼？如果你的第一反應是「我要請十二個月的長假！」這代表你對工作的看法是什麼？你是否能想像生命僅剩一年時，自己還會想花大多數的時間在工作上？那要什麼樣的工作，才會讓你有這種想法呢？

你希望人們在葬禮上怎麼評價自己？

他們當然會說一些感人的好話，但請專注在你自己所認定的重要成就——特別是當你未刻意提及時，很容易被忽視（甚至完全沒注意到）的事物。舉例來說：

- 你如何克服恐懼，靠著自己的力量出發。
- 你如何學會好好面對權威。
- 你如何學會活在當下，不再覺得「真正的人生總是在別處」。
- 你如何設法在工作中發揮創意（即使一開始看起來毫無可能）。

第四章

如何找到長久的職業滿足感？

1 快樂與期待管理

這本書最主要的目標，就是探討如何在工作中得到快樂。前面我們已經了解，關鍵在於更深入地發掘自己的志向和人格特質，並且在職場找到相呼應的需求。

然而，在思考快樂的概念時，我們還得探討以下的元素：期待。我們在特定情境中能感受的快樂程度，往往大幅受到我們對快樂的期待所影響。我們的快樂不僅仰賴事物本身的美好，更受到我們想像中快樂程度的左右。

現代人對職涯的態度，源自於漫長而複雜的歷史。

或許我們大都不會意識到，但我們對於工作和贏得地位的期待，一點也不「自然」或悠久。它們出自幾個世紀以來，關於社會流動性和成功率的想法所構成的複雜脈絡。

假如你住在中世紀英格蘭的布里斯托（Bristol，是個繁忙的小港口），你或許不太會知道倫敦、巴黎或西班牙皇室在發生什麼事。不具急迫性的資訊就不會在國內流傳，例如：貴族仕女喜歡用髮網把頭髮固定在兩側，或是喜歡戴紅色的長手套，上面要裝飾花卉的刺繡或珍珠等。

蘭開斯特的布蘭奇（Blanche of Lancaster）是岡特的約翰（John of Gaunt）的第一任妻子，也是英格蘭國王亨利四世（Henry IV）的母親。她是十四世紀中期英國穿著最雍容華貴的女性。但即便如此，她依然無法「引領潮流」，因為當時訊息的傳遞速度太過緩慢。

布里斯托的富商之女可能對服飾很有興趣，但絕對不會和像布蘭奇那樣的倫敦貴婦比較——因為她真的不會知道那些人都怎樣打扮；這些貴族女性對她而言，幾乎像是另一個世界的生物，遙不可及。

然而，一七七〇年八月，《女士雜誌》（*The Lady's Magazine*）創刊，一切開始改變。

每個月，雜誌上都會刊載最尊貴女性的服飾插圖，讓時尚趨勢迅速傳播至全國。雜誌也用親切閒聊的語氣，報導了上流社會的社交活動，彷彿他們都是讀者的摯友。

多虧了這樣的報導，貝德福德夫人（Lady Bedford）不再只是個抽象、彷彿處在另一個星球的陌生貴族，而是比你年輕幾歲、有著藍灰色眼珠和纖纖細腰、手持威尼斯精品扇子的女性，最近剛參加過多徹斯特侯爵（Marquess of Dorchester）家辦的晚宴，餐桌上擺著鯡魚派和嫩羊肩佐百里香，而馬車在凌晨一點時便前來載客。

任何人讀到這本雜誌，都能將自己的服裝和社交活動與倫敦的上流社會進行比較。因此，他們有機會體驗到一種全新的情緒：自己以一種很扭曲的方式，被時尚、社會和整個世界無情地排除在外。

他們可能坐在鄉下小鎮的窗邊，看著灰暗的雲朵飄過天際，第一次體會到真正精采的生命體驗都發生在世界上其他地方。在那之前，你當然也可能被遺棄，但僅限於被你身邊認識的人。或許是你的表兄弟不帶你去採藍莓，或是教區的牧師不邀你共進晚餐。然而，這本雜誌塑造出足夠的可信度，告訴你全國所有的女士都在聚會、享受美食，又如何穿著打扮——只有你，不屬於那個世界。

自我厭惡系統……來自嫉妒

事實上，《女士雜誌》並不代表當時世界的普世精神，而是由書商約翰·庫特（John Coote）在倫敦聖保羅大教堂附近瓦特林街上，一間不起眼的辦公室中克難製作的刊物。然而，如果你帶著鬱悶的心情，坐在父母位於英國郊區房子的搖椅上翻閱，它卻能讓人誤以為它掌握了世界的真相。

這個十八世紀的新媒體，正準備向大部分的社會階層揭露他們的人生有多麼不完整：一位自耕農可能從《旁觀者》（*The Spectator*）雜誌中得知自己是鄉巴佬（clodhopper）；《尚流》（*Tatler*）雜誌讓地方紳士意識到自己的舉止土氣十足；《倫敦雜誌》（*The London Magazine*）提醒約克郡的商人，他們浪費了一生待在錯誤的城市；《小鎮小村》（*Town & Country Magazine*）則讓少女們明白，她們未來的丈夫恐怕遠遠不及雜誌上那些完美的男士。更有效率的印刷技術、特殊顏色的墨水、可靠的公路系統和更便宜的郵資，聯手開啟了人們全新而陌生的自我厭惡系統。

我們並不會羨慕每一個比自己擁有更多的人，我們只會羨慕那些被我們拿來比較——並且認為應當和自己平等的人。在舊時代，平民百姓並不會嫉妒貴族或君王。這些顯赫的人物處在完全不同的國度，並且努力向全世界嶄露自己——那些人和我們如此不同，根本無法想像自己有朝一日能變成他們。那些衣著和生活習慣都清楚顯示，他們與我們不同，甚至不像是同一個物種。

法國的路易十四（Louis XIV）喜歡穿著貂皮斗篷和金色錦緞外套四處走動。他拿著黃金手杖，有時還會穿上全套盔甲。這當然是極其傲慢且不公平的，但有個很大的好處：你絕對不可能認為像自己這樣粗俗的平凡人，可以達到像路易十四那樣的顛峰。你不可能嫉妒至高無上的人，因為**嫉妒的前提是相信自己本應擁有對方所擁有的一切**。

相反的，當代社會的基礎則是看似更包容的概念，也就是每個人的所有應當平等。但在這裡的所有並不是指財產或地位，而是發展的潛能。每個人能達到的成就都不該受到限制。你很可能現在手頭很緊、地位較低，並處處碰壁，但這些都是大家所謂「短暫性」問題。只要努力、抱持正向態度，再加上聰明的點子，就必定能在一定的時間內突破障礙。

一切的關鍵都在於意志力。這種敘述總會伴隨著那些令人振奮的故事：舉例來說，某人在南美洲闖蕩五年，一事無成，回到家後重新找回生命的重心，創造出市值超過某些貧困國家的大企業……為了要強化平等的概念，這位主角甚至不穿西裝，反而看起來像一位數學老師，或是機場的計程車司機。現代社會不斷暗示著：成功，某天也可能會降臨到我們身上。

然而，這類「任何人皆可成功」的論述，卻無意間帶著幾分殘酷。數據清楚指出，只有極少數的人能獲得成功。社會的結構仍然是個金字塔，頂部依舊狹窄。根據這樣的事實，家人和過去的自己所投注在我們身上的夢想，幾乎註定不會成功。但我們無視這些證據，始終無法接受**挫折打擊才是人生的常態**。

更糟的是，我們害怕面對那些歸咎於自身的失敗。古代世界將失敗視為意外，可以歸咎於厄運或是某種不明惡靈的陷害。社會最貧苦階層的人們被稱為「厄運者」（unfortunates），辭源上來說就是不受到命運女神保佑的人。這位女神隨意施恩，既無智慧也無計畫。在這樣的世界觀中，一個人的社會地位無關乎個人的功勞或恥辱。

然而，在當代世界，失敗不再被視為意外，因此不再是富有階級同情和慈善的布施對象，反而成了個人過失的直接結果。在菁英政治的現代，我們相信勝利者能創造自己的命運，而不幸者開始有了更殘酷的稱呼：失敗者或輸家。

我們被認為是自身人生故事的唯一作者，因此得以為自己的生命結果享受讚譽或批判。這也難怪現代人的自殺率不斷飆高。在貧困所帶來的痛苦外，又加上了讓人隱隱作痛的——羞恥。

舊世界因其悲觀主義而顯得仁慈。到處都清楚顯示，生活從根本上就令人沮喪，這並非偶然，所以最明智的方式就是，從小就開始學習實踐放棄與克制的哲學。

無論你揮舞鐮刀的本領多麼出色，或是多麼勤奮地耕地種田，很顯然沒有任何人能從根本上改變自己的命運。如同享譽盛名的古羅馬哲學家塞內卡（Seneca）的名言：「何必為人生的一部分哭泣呢？整段人生都值得我們流淚。」或是十八世紀法國貧困苦澀的天才作家尼可拉・尚福爾（Nicolas Chamfort）所說：「人每天早上最好都吞掉一隻蟾蜍，才能確保那天不會遇到更令人噁心的事物。」

悲觀主義者的這種觀點，其實是一種溫柔的解放，他們努力想拯救人們脫離期望所帶來的負擔。他們清楚地看到，那種**「人人皆可成功」的宏大承諾，其實隱藏著殘忍的欺騙**；在這種慷慨自信的信念，帶有一種龐大而不經思考的殘酷。他們明白，如果我們將少數人的成功誤認為是一種普遍現象，那麼我們個人的失敗便會顯得像是一種特殊的詛咒。

現代世界的理想意識形態，否認了人類命運本應充滿遺憾和挫折，從而剝奪了我們在破碎的人際關係、夭折的理想抱負，以及失落的事業中獲得集體安慰的可能性。相反的，它讓我們在孤獨中感到自己像是某種異類，獨自承受著未能達成那些本就不切實際的期望所帶來的苦痛。

理想的情況下，人們對於理想抱負的想像力應當限制在務實的範圍之內。如此一來，我們才不會成為無可救藥的夢想家。然而，我們天生就會懷抱過度樂觀的希望，不會停下來正確評估自己的能力，或是外在世界對我們計畫的反應。我們天生具備懷抱希望的能力，對人類整個物種來說固然有益，對個體來說卻未必如此。

就像鮭魚逆流向上回到出生地產卵那樣，人類也有著內建的驅動力（要成功、獲勝、專精），卻未顧及個人是否有能力達成。大自然不在乎我們能否寫出一首奏鳴曲，或是發展出可貴的生意點子；我們的驅動力和我們達成目標的才能之間沒有關聯。每一千隻鮭魚中，也只有一隻能成功繁殖……。

現代社會的樂觀主義大幅提高了快樂的可能性，同時也大幅擴展了焦慮和未能達成完美的痛苦。這使許多過去被認為註定失敗的事，都有了成功的可能性，變成了「應該要完美無缺」。這讓理想逐漸成為標準，而失敗則成為內化的恥辱。

現代社會在我們眼前呈現了無限的可能性，然而卻忘記了悲慘的現實：人

們對自己及世界的了解非常不足，因此無法做出可靠的正確選擇。

我們缺少相關的資訊和經驗，卻必須做出足以大幅影響我們和他人人生的決策。我們是否應該進軍南韓市場？現在該推動品牌改造嗎？假如沒有獲得升遷，我是否應該離職？我應該接受紐約的工作，還是到摩洛哥發展？假如伴侶必須因為工作移居德國，我應該跟去嗎？或是要因此分手？假如有小孩，我應該接下更多工作（賺錢買東西）或是減少工作量（花更多時間陪伴他們）？應該現在購買房地產嗎？或是等到市場修正後再行動？

做、不做，都後悔

當我們接近中年時，應該已經做過數百個「重大」決定。在這之中，約有十五個是非常重大的錯誤，而我們的餘生都因此付出代價。這是存在主義的核心難題——這種哲學思想起源於十九世紀的丹麥，讓人們開始帶著同情和智慧，關注人類在知識和時間不足的情況下，難以做出最佳決策的困境。

偉大的存在主義者索倫・齊克果（Søren Kierkegaard），終其一生都在與選擇的難題搏鬥，尤其是婚姻問題。有一段時間，他覺得自己已經找到答案：一位名叫維珍妮・奧森（Regine Olsen）的年輕貌美女性。維珍妮起初拒絕了他，後來又接受求婚；然而就在這時，齊克果又開始猶豫不決。這段鬧劇拖了整整十年，對雙方都造成很大的傷害。這段痛苦讓齊克果寫出了巨作《非此即彼》（*Enten-Eller*）中動人的強烈篇章，既適用於婚姻，也適用於人生的任何領域：

結婚，你會感到後悔；不結婚，你也會感到後悔；無論結婚與否，你都會後悔。嘲笑世界的愚蠢，你會感到後悔；為其哭泣，你也會後悔；對於世界的愚蠢無論是嘲笑或哭泣，你都會後悔。相信女人，你會後悔；不相信女人，你也會後悔……上吊自殺，你會後悔；不上吊自殺，你也會後悔；無論是否上吊，你都會後悔。各位先生，這就是所有哲學的精髓。

存在主義提供了一種有益的點，以對抗現代社會普遍而錯誤的想法——即理性的選擇是可能的，亦不會有悲劇的後果。齊克果的觀點動搖了現代人對「完美選擇」的浪漫幻想。他提醒我們：對自己的選擇感到痛苦並非例外，而是人類存在最可預測且痛苦的真實。

任何人在這個世界上活得夠久，都難免會把自己弄得一團亂，被悔恨糾纏，每天都會忍不住想：「如果十年前我做了不同的決定，現在的生活會不會好很多？」

古希臘悲劇的劇作家對這個議題特別懷抱同情。他們認為，面對這種困境最好的方式，就是承認「悔恨是不可避免的」這件事實。

伊底帕斯（Oedipus）的故事特別能引發他們共鳴。在旅途中，聰明且胸懷壯志的伊底帕斯遭人阻攔，他以為對方是強盜，於是攻擊對方的首領，並將其殺死。當時沒有人知道，他殺死的是自己的父親。當然，假如他洞悉一切，情勢就不可能如此演變。希臘人如此鍾愛這個故事，正是因為：這都不是伊底帕斯的錯。但當他終於意識到自己的所作所為後，他卻逃不過罪惡感和悲傷的折磨。

我們應當時時以伊底帕斯的故事提醒自己，因為面對悔恨最好的心態，就是理解到：每個人的生命都以某種形式承擔了悔恨的負擔。所謂「沒有後悔的人生」僅存在於流行歌裡。減少悔恨的關鍵，在於減輕「自己本來可以做得更好，卻錯失了機會」的錯覺。雖然現代的主流思潮並不願意承認——但失望才是人生在世的常態。

遺憾才是人生的標配……

有鑒於我們身處於資本主義的世界，我們應當對自己更加寬容。從人類生命經驗的角度來說，這是全新且複雜的生活方式。經濟學家賦予資本主義非常技術性的定義：意味著公司間對投資資金的競爭；意味著需求高度流動性，消費者會為了更划算的交易內容而改變供應商。資本主義也包含對創新的不懈追求，持續用更低廉的價格提供大眾更好的產品。如此，資本主義將許多產品帶進我們的生活，創造出高雅又刺激的車、美味的三明治、遙遠小島的舒適飯店、明亮親切的幼兒園等等。然而，比較負面的是，資本主義也創造出一批極度焦慮的現代公民。

為了以更加冷靜的心態面對的困境，我們應該承認，找出「自己該做什麼」的過程註定高度複雜。我們不該像羅馬時代那樣，只相信自己的直覺。在尋找該做什麼的過程中，我們得意識到其本質：**這會是我們這輩子遇過最棘手、最複雜也最令人疲憊的任務**。如果把全部的心思都放在這單一的問題上，也是再正常不過的。

我們也該預期到，自己有時會需要大量的外在幫助。也有些時候，我們會需要花一個星期遠離一切人事物，給自己單獨思考的空間，而無須承擔討好他人（或刻意造成他人混淆）的壓力。

在尋找自己想做的事時，之所以需要這麼多的努力和時間，並不是因為我們特別愚蠢或過於自我，而是因為這樣的決策只能立基於不完整的證據和數據。我們的人生經驗散布著混亂的片段訊息。說到底，我們的優勢是什麼？這些訊息包含我們感到興奮或無聊的時刻、我們擅長應對的事物、曾經吸引我們但又被放到一邊的事物。

我們必須努力鎖定這些訊息，加以解碼和詮釋，最後統整在一起。我們得權衡某些相衝突的興趣。我們可以在不讓自己焦慮、壓力過大的情況下，承擔多少風險？我們有多在乎自己的工作受到其他人尊敬？如果能為這些問題找到精確的答案，就代表對自己有了更高層次的理解。

人們在成為作家的過程中，最痛苦的體驗就是必須容忍恐怖的初稿——以及第二版、第三版，或許還有後續的許多版本。對於剛起步的人來說，這似乎就代表他們沒有能力，作品中看不見任何優秀作品應有的特質。

人們普遍預期創作的過程應該相對單純，只要把幾篇優美的文章串在一起就完成了。然而，比較痛苦，卻更有生產力的看法是：寫作其實非常困難。人的思緒和聯想總是雜亂無章地從腦海中湧現，真正想說的話往往會隱藏在你比較熟悉的想法後。不同論點間的連結並不明顯，你很難判斷哪一些該先梳理，哪一些則該留待稍後。

一位作家可能需要反覆重寫十次、二十次，才能真正理解自己想表達的是什麼。這就是大腦整理思緒所需要的時間與過程。當然不是每位作家都寫小說，但不同版本草稿間的演進，能幫助我們更了解人類的心智。在了解自己的過程中，一定會經歷漫長艱難的時間，必須經過許多刪減、改變和重組。

我們試圖做出職涯的重大抉擇時，面對的必定是不利的條件。我們通常沒有足夠的時間，對選項的認識也不足。最終，**我們描繪的是自己並不完全認識的人（未來的我），並且只能盡量猜測怎樣的做法才會對這位熟悉的陌生人最好**。情勢會改變，產業有起有落，但我們培養出特定的技能，建立獨特的社交網，盡可能為我們只能憑藉想像的未來做好準備。

一般來說，我們在公眾領域中主要接觸到的，都是非常擅長展現自身才能、實踐野心的人。雖然我們自然會更常聽說這樣的人，但他們其實相對罕見，並不是合理或有幫助的比較基準。另一類更常見的故事，反而會對我們比較有幫助：這些人抱著錯誤的假設，選了錯誤的方向，謹慎地遠離了後來才發現是最佳選項的路線，或是全心投入了災難性的錯誤行動。

這樣的普世困境讓人遺憾。人們幾乎註定在大部分的潛能未獲得開發的情況下死去。大部分可能的成就，都未受到探索。當你踏進墳墓時，內心的這些部分都渴求著得到認同，也可能伴隨著失敗的沮喪，因為有太多你沒能做到的事了。然而，我們都不應該因此感到羞愧。這反而應該是我們對彼此最基本的認知之一：這是所有人類共享的命運。

這很悲傷，但不是你獨有的悲傷。以下的想法雖然有點悲觀，但或許能帶給我們一絲奇特的慰藉——我們的想像力終將不可避免地超越自己的潛能。每個人的生命都未能圓滿，這是人類心智怪異演化所帶來的後果。

之所以要如此深入地探索現代生命經驗的根源，主要是為了重塑對工作的理解，特別是在提醒我們，當前的職業抱負和對工作的期望在歷史上是相對新穎且極為樂觀的。

我們繼承了遠大的期望，固然是為了崇高的理由，卻也帶來慘痛的副作用。這意味著即便我們處於客觀來說良好的狀態，最終也很可能感到失望低落。假如把這樣的歷史脈絡放在心裡，就能幫助我們朝更實際的方向調整希望。這不是要讓我們感到心靈空虛（一般來說，我們會這麼面對希望降低的情況），而是為了更遠大的目的——讓我們能夠感到更加快樂和滿足。

2 自我同情：不要讓迷惘變成自我厭惡

為了在當代世界生存下來，我們通常得好好學習自我批判。我們確保自己早已接受任何可能遭受的批評，甚至比最嚴苛的敵人還要苛刻地審視自己。我們漸漸精通自我憎恨。

我們知道如何不寬容地面對自己的平庸，也允許偏執打擊我們的安逸和滿足。然而，當我們變得如此擅長這些負面的能力時，可能帶來反效果。面對職涯上的失敗，我們可能會越來越討厭自己，最後連早上起床的力氣也沒有。不用多久，我們便會開始妄下結論，決定自我放棄。

為了避免走到這一步，我們應當嘗試一種通常會讓有抱負之人感到害怕的情緒——自我同情。你或許會覺得，自我同情無異於通向放縱和災難的門票，畢竟在我們心中，成功往往代表著焦慮和自我鞭策。不過，有鑑於自我毀滅有許多問題，我們或許該退一步，考慮在生活中加入謹慎的自我照護時刻。

在我們變得更強悍之前，都應該鼓起勇氣，對自己展露更仁慈善良的一面。我們可能失敗了，但這並不代表自己不值得被同情和理解。我們之所以失敗，並不只因為我們不夠聰明或能力不足，還可能包括以下幾點：

一、幻想「職業樂透」讓你中大獎

我們無可救藥地與成功墜入愛河，因此無意間為自己設定了艱鉅的挑戰。雖然並非有意，但我們陷入了所謂的「樂透現象」。

在現代世界，每週都有數百萬人購買樂透，希望能一夕致富。令人驚奇的是，最積極參與彩券的人，往往是經濟狀況較差的族群。

所有人都很想知道他們為何會犯統計上的錯：假如真的理解機率有多低，就根本不會想玩了。贏得最大獎的機率是一千四百萬分之一（幾乎就和投胎成為英國王室成員的機率一樣低，後者目前是一千五百萬分之一）。我們甚至會同情那些投注於不可能機率的人，因為他們選擇了一條幾乎沒有勝算的道路。

但諷刺的是，我們自己何嘗不是如此？我們也時常緊緊握著自己的「彩券」，或是把目標訂在統計上的奇蹟，只是自己並沒有意識到而已。而這種狀況通常頻繁發生於職場。

很少人（或說幾乎沒有人）在整段職涯中都不曾失敗過。假如要描繪我們理想中的成功職涯，大概會是這樣的：

> 某個人很早就找到適合自己一展長才的領域，鎖定並善用新的機會，談妥理想的合約，從一個高點到另一個高點，乾淨俐落地在理想的時間點切入新的領域，得到大眾的認同和無上的榮耀，帶著實現目標的成就感順利退休。他們將度過優雅又受人敬重的老年生活，受到後代子孫的景仰，偶爾會從幕後操縱，施展靈活又出色的手腕。（最後於九十歲優雅且無痛地病逝在充滿花朵的寧靜房間，並留下優美又慷慨的遺囑。）

這種情境發生的機率和樂透中頭獎差不多低。然而，雖然我們受到的教育和理智又務實的本性都如此告訴我們，我們卻還是充滿想像力地追求某種調整後的理想職涯版本：我們也認為理想的職涯就該是那個樣子。

我們認為，自己即便懷抱這類的希望，也不算太無理取鬧。我們並未真正意識到，高度成功的職涯有多麼罕見。

頂尖企業的職缺很少，成功的企業家很少，取得商業成功的藝術家很少，能靠小寫說過活的人更是鳳毛麟角。**而真正靠著這些方式成功的人，往往付出了很高的內在代價**：或許犧牲了感情和友情；長期處於高度焦慮狀態；冒著極高的失敗風險（並且差一點就真的失敗了）；投注大量時間，有時候幾乎是被恐懼和絕望逼著前進。**我們或許會景仰他們的生涯成就，但通常不會羨慕他們過的生活**。

對我們的大腦（也就是幫我們思考但時常出問題的核桃）來說，要理解統計和可能性相當困難。我們時常過度高估某些事物出現的頻率。我們通常會以為前一%的人都過著極度奢華的生活，每天搭乘私人飛機環遊世界。然而，以法國來說，前一%的人年平均收入大約是二十萬歐元（約新臺幣六百八十五萬），大約只夠買下價值私人飛機的機翼尖端。

我們草率地認定，多數人的小腹都很平坦，但這事實上極度罕見：舉例來說，只有二%的成年澳洲人身材苗條，而及至中年，如果身材不鬆垮肥胖，都可以稱為怪胎了。在英國，每天大約都有五〇%的人口有金錢方面的憂慮，大約三〇%的人覺得沒有人愛他們。然而，當我們思考自己的人生時，卻鮮少把這類事實納入考量。相反的，影響我們的故事都是更常引起我們注意力的。雖然背後未必有陰險的動機，但媒體持續讓我們關注不尋常的事物，因為這才是我們喜歡聽、願意付錢收看的。

因此，我們會誤以為自己身處的世界和現實世界不同。我們想像中的世界會有更多殺人魔、狂犬病的狗、食人鯊魚和更多英俊美麗的人以及他們光鮮亮麗的派對。當然，這個世界裡的成功人士遠比現實中來得多。

我們對成功的心理地圖被向上修正了，我們以為「成功」比實際上更普遍、更可能發生，因此，我們對自己的職涯感到不滿，認為自己沒能達到「正常標準」。但事實是，進入我們大腦的訊息存在嚴重偏差。

假如我們真正看見其他人的生活和工作情況，對於自己的成就和處境大概就會產生很不同的觀點。假如我們能像天使一樣俯瞰整個世界，一窺每個人的生命和心靈，就能看見失望有多麼普遍，也看見有多少人都鬱鬱不得志，有多少人暗中感到困惑徬徨，淚水和偏激的言論又是多麼常見。

我們將會看見極端不同（也精確許多）的現實。我們願意承認的自我，往往比實際的自我更壓抑和修飾。我們會看見，只有極少數的人能成功，也看見伴隨成功表象的極大壓力。我們也會因此意識到，從統計學的角度來說，自己設定的目標高得多麼不正常。

某種程度來說，這樣的學習會讓人感到痛苦。我們或許會因為自己的所見，感到震驚又悲傷。我們當然會很失望地領悟到，或許幾乎不可能實現自己的願望。然而，這樣的經驗另一方面也可能帶給我們慰藉和安定。我們能對自己更溫柔，接受自己在職涯上大概沒有中樂透的事實。我們將不再執著於不具代表性的少數人，而是調整心態，**接受事物正常的運作狀態，以更健康的方式**

看待自己。

我們或許沒有那麼天真，但對於「可能發生在自己身上的事」仍可能抱持著狹隘且受限的想法。我們一直懷抱著某種希望，這希望的實現機率大概就和中威力彩一樣渺茫。然而，我們應該帶著一絲同情心，理解職場上的成功，本來就充滿了嚴峻的障礙。我們不該因為無法達到那些極少數人的成就而責怪自己。當我們將自己「不完美」的職涯放入更真實的統計背景來看，就不會再覺得那麼羞恥，也不會再為此感到過度焦慮。

二、因為我們瘋了

我可以不帶任何貶義地說，每個人都無法避免地有點「不理性」。我們天生就是這樣，只有偶爾能知道如何理智地應對一切，多數時候都是透過（忘了一半的）扭曲童年濾鏡來看事物，也沒能好好理解自己和其他人。我們時常會失去本來就所剩不多的耐性和平靜。這都在所難免。

基督教對於原罪的概念，強調的是只要是人的一切，都必定極度不完美。我們共同的祖先亞當和夏娃鑄下大錯，為人類歷史籠罩上陰影。就算我們並不相信，也能感受到這種信仰帶來的撫慰：我們的人生會出錯，並不是因為我們做錯了哪件事，而是因為我們整個物種更深層且根本的錯誤。這種傳染病般的汙點無論如何都無法修正。

我們註定會把這種不理性的瘋狂帶入職涯追求中。這意味著我們會做出不少倉促的決定，並迎來慘痛的後果。

我們會對某些人毫無必要地動怒。我們會在應當保持冷靜時暴躁，在應當自信時緊張。我們最終會和應該保持良好關係的人變得對立，在應該全神貫注時變得懶散怠惰。

雖然不會永遠都這樣，但這類情況發生的次數終究很多，足以消弭我們的機會，讓我們無法開拓出最理想的職涯道路。無論再怎麼責備自己，這些缺點都不會消失，因為它們並非源自我們近期犯下的錯誤，而是人類與生俱來的限制。它們是不完美人性的一部分，是我們與生俱來的愚昧。

三、因為失敗的可能性總是比較高

這樣的普遍事實很令人悲傷，但我們總是堅持暗自羞愧，不願承認這是人性最基本的狀態：人會經常失敗。

很長一段時間，我們的社會殘酷又過度情緒化地堅持相反的論點：每個人都能成功，也都會成功；我們也聽到許多關於韌性、谷底反彈、永不放棄和再試一次的勵志故事。不過，並非每個時代和社會都如此無情。古希臘存在著讓我們的世代感到無比陌生但又了不起的觀點——即使一個人十分傑出，但無論努力了多少，他仍然會搞砸。

為了讓這個觀點存在於集體想像中，古希臘人發展出悲劇（Tragedy）的藝術形式。每一年，主要城市都會舉行大型節慶，邀請所有市民見證駭人聽聞的慘烈失敗故事：人們因為輕微的犯法行為、過度倉促的決定、不可避免地和不對的人上床等理由，而面臨不合比例的羞辱和懲罰。

然而，這些悲劇英雄的悲慘命運，並非完全出於自身的過錯，而是由希臘人所謂的「命運」或是「神祇」一手打造——這無疑是用更詩意的方式告訴我們，命運未必能合理地反映出一個人的功過得失。人們在離開戲院時，不再對世界抱持簡單黑白分明的觀點，而是對受害者感到同情，也害怕自己面臨相同境遇。

當代社會的人們在這方面就更辛苦了：我們似乎沒辦法接受，真正的好人也可能無法成功。假如某人失敗了，我們寧願相信那人確實有不夠好的地方，如此才能讓我們不必面對和談論讓人痛苦，卻更為真實的想法：世界，真的很不公平。

我們每個人都站在悲劇的邊緣，但在現代世界裡，沒有充滿同情的劇作家來述說我們的故事。

四、因為嫉妒了錯的人

我們之所以開始嫉妒某些人，是因為他們看起來和我們很像，而我們也非常渴望成為他們。這種平等感，讓我們產生了競爭心和痛苦。然而，雖然這些成功人物乍看之下確實和我們很相似，但表面之下，他們顯然具備了我們欠缺的技術：他們的大腦或許極為出色，能同時巧妙地整合大量資訊。或者，他們充滿動力，一天工作十八個小時，有著我們做不到（或不感興趣）的衝勁。我們會出現「為什麼是他們而不是我？」的想法，但我們不該再因此自我折磨並感到恐慌，反而該朝著比較陌生的感受接近：仰慕。

我們和嫉妒的人或許真的有顯著的差異。我們或許從來都無法和他們對等。造成當前成就差異的，或許並非懶惰或刻意的迫害。平心而論，某些成就確實並非我們能力可及。對於真正非凡的人物和他們的成就，我們應該當個欣賞的觀眾，而不是失望的競爭對手。

五、因為時代的經濟環境

個人才能的價值，以及它所能帶來的回報，會隨著時代的變遷而劇烈變動。所謂時勢造英雄，我們的職涯不只取決於自身的能力高低，有時也受到時勢的影響。

最理想的情況，是當一個人的興趣與才華剛好搭上經濟的順風車。例如：

・十九世紀下半葉英國的教會建築師（當時經濟條件優渥，有許多不同的教派都出資興建新的教堂）。
・條件不錯的演員身在一九二六年的好萊塢。
・一九五三年進入石化工業。
・二〇〇一年進軍澳洲的礦業。
・一九九七年科技業的新創家（並順利在一九九九年退出市場）。

這些都是天時地利人和的情況，但在現今則相對困難。倒不是說這些產業如今毫無就業機會，只不過市場緊縮，競爭變得極端激烈而已。

在選擇產業時，我們不應該僅僅考慮個人的能力或優勢。還有另一個完全不同的層面：目前經濟環境的狀況如何。在這樣的變局中，我們有時無可避免地會被捲入混亂之中。而那些剛好搭上順風車的人，或許只是運氣好——儘管他們往往不願意承認這一點。

六、因為陷入辦公室政治的困境

即便我們找到適合自己的職業，卻還是很容易受到周遭同僚和工作環境的負面影響。我們非常可能遇到不理想的管理者、嫉妒的同事和很難應付的奧客。遇到這類工作滿意度上的障礙，並不是意外，只不過反映了普遍人性的問題：個人會把許多問題帶到工作上。

他們或許不擅長給予指令、或許容易因為別人的成就感到不安、或許想要主控整場會議、或許心懷惡意，想在背後攻擊我們；又或者，他們總是想要推卸責任。不幸的是，我們很難找到一個完全沒有這些問題的工作環境，因為這不是特定職場的問題，而是整體人性的結果。職場政治幾乎無可避免，這意味著我們的工作很可能永遠無法達到心目中「理想職場」的標準。

七、因為我們真的太累了

人們習慣將自己的恐慌和痛苦都歸咎於具體的事實或想法。總會有某些時刻，我們覺得自己的整個生涯都錯了。當我們搞砸或覺得自己在原地踏步時，會習慣性地認為問題的根源必定很驚人——我們選錯了職業道路、能力不足，或對工作的需求理解錯誤。

然而，真正讓我們覺得如此低落和不足的，很可能只是因為早餐吃得不夠、睡眠不足，或許是連續幾天的天氣都很差，沒有得到足夠的陽光；或許是因為我們盯著螢幕太久，或許辦公室的空氣太悶。

我們總想像自己需要激烈的改變，例如和同事大吵一架、和供應商正面對質、寫一封瀟灑的辭職信，或是到安地斯山脈當六個月的背包客。不過事實上，我們真正需要的可能只是晚上早點睡、喝一杯開水、在附近散步，或在桌上擺個電風扇。

這樣微小的行動在工作場域感覺很陌生，不過，在生活的其他層面倒是習以為常。父母親都知道，面對鬧脾氣的嬰孩，不可能靠講道理讓他們冷靜下來，反而應該帶他們到床上安撫，希望他們能好好睡個覺。對於自己內在傷痕累累又憤怒的小孩，我們可能必須扮演守護者的角色，了解到自己面對的並不是強烈的失意不滿，而只是小小的生理不適罷了。

自我同情並不等於堅持自己是無辜的，而是**代表充分理解到人們可能有各式各樣的失敗原因**。毫無疑問，我們都曾犯過愚蠢的錯誤，但我們還是值得好好活著，被聽見、被同情、被原諒。

3 理想工作的真相

理論上我們得對自己的工作抱持忠誠，但現實是，我們多少都會花些時間做轉換跑道的白日夢。我們的日常工作可能是協調稅務繳納、評估在波蘭推展美甲店的商機，或是教一群十四歲的孩子二次方程式；但我們的大腦會有某個部分幻想著其他的快樂願景，例如管理滑雪度假村、參與醫學研究，或是經營旅行社。正是這類迷走的幻想，持續消磨我們對當前工作的熱忱和投入。

這種不安分並不是不忠，只不過是受到最基本人性所影響：我們其實在許多職業領域都有天賦，只是不可能有機會一一探索。我們很大一部分的特質到死都不會被開發，因此難免在內心感到不平。

回顧童年時代，大概就不難理解這種躁動的感受了。身為孩童，我們能做許多事。我們或許可以在一個星期六早上，多穿一套運動裝，想像自己是南極探險家，然後短暫扮演樂高世界的建築師，再成為用玉米片寫出暢銷歌曲的搖滾巨星，最後化身發明家，把四支筆黏在一起讓著色速度變快。我們還可以花幾分鐘擔任搜救團隊，接著變成努力讓飛機完美降落在地毯跑道上的飛行員。我們在絨毛兔子身上動救命手術，最後到廚房當個二廚，幫忙準備午餐的火腿起司三明治。

每一個這類的「遊戲」，都可能成為一段職涯的起源。然而，我們必須選定其中一項，並在超過五十年間不斷重複。和職場上的限制相比，實際上的我們充滿更多發展的可能性。在一八八一年的詩作〈自我之歌〉（*Song of Myself*）中，美國詩人華特・惠特曼（Walt Whitman）如此深刻地描繪了這種多元性：「我是廣闊的，我容納萬千可能。」他的意思是，我們都存在許多有趣、吸引人的自我面向，所以有潛力活出許多不同的美好生命和職涯。然而，終究只有極少數的潛能得以實現，並且成為我們唯一的真實人生。這也難怪我們總是暗暗感受到未能好好發揮的痛苦，並清楚意識到**自己其實有機會成為別的模樣，活出不同人生**。

沒辦法完全發揮自己的「萬千可能」並不是我們的錯。現代就業市場讓我們別無選擇，只能不斷專精。我們不可能一週只花一個下午擔任機師，一個月只當兩天的樹木醫師，每天晚上化身創作歌手，同時兼職政治顧問、水電工、服裝設計師、網球教練、導遊，還要開一間專賣黎巴嫩開胃小菜的餐館——雖然這可能完全符合我們廣泛的興趣和潛力。

之所以沒辦法做這麼多，首先可以聽聽蘇格蘭哲學家亞當斯密（Adam Smith）的說法。在《國富論》（*The Wealth of Nations*）中，他解釋所謂的「勞動分工」如何大幅提升人類的總體生產力。

在每個人事必躬親的社會，只能生產出很少量的鞋子、房屋、釘子、小麥、馬鞍和推車，而且沒有人特別擅長什麼。然而，如果人們只擅長很局限的領域（例如製作鉚釘、加工輻條、製造繩索、砌磚等），工作速度和效率就能大幅提升，進而提升總體的生產量。集中精力雖然讓我們失去多元的享受，卻使整體社會變得更富庶，也更能充分供給人們所需要的物品。

現代社會最終擁有諸如「資深包裝與品牌設計師」、「收案與分流臨床醫師」、「研究中心經理」、「風險與內部稽核主管」以及「交通政策顧問」等職稱，這正是對史密斯所預見的世界的一種致敬——換句話說，我們都是巨大效率機器中的小小齒輪，雖然財富大幅提升，但私底下卻渴望著能表現自己的萬千可能。

重新定義失業：九種職業自我

我們的職業都只反映了自身性向極小的一部分，這代表我們或許該用全新的觀點來看待「失業」。

無論我們正在做什麼工作，每個人都至少還有九種不同的職涯面向，正痛苦地被排拒於就業市場之外。因此，從某種我們陌生但真實的觀點來看，當前官方對就業率的統計數據其實充滿誤導性，而且顯著低估。他們並未考慮過每個人理論上能做多少工作。

英國就業市場大約有三千三百萬人，其中一百六十九萬人在本書寫作時處於失業狀態——大約占了五．五%[1]。然而，如果我們考慮到每個人都可能勝任的多種職業角色，實際上這個社會擁有約三．三億種潛在職業身分等待被發掘——換句話說，**有超過九〇%的職業潛能被閒置**。

和孩童時期相比，我們的成年生活顯得異常受限。沒有簡單的解法。就如同亞當斯密所說，一切的肇因並非個人層級所犯的錯誤：而是市場經濟為了生產力和競爭力，在邏輯之下所施予我們的限制。

不過，我們可以允許自己傷心，因為我們的人格中總會有很大一部分得不到滿足。我們並不傻，也非不知感激，只不過是理解到就業市場需求，和每個人生命的多元潛能之間的衝突而已。

這件事實固然讓人哀傷，但也提醒我們，無論做什麼工作，這樣的失落都將如影隨形，即便是換工作也無法化解。我們不必對自己的遺憾感到愧疚——

1 編按：根據行政院主計總處統計，二〇二四年臺灣就業人數為一千一百五十九萬五千人，失業率三．三八%。

我們只是活在一個讓人不得不壓抑多元自我的世界裡。

這種情境與我們在工作上的體驗，與我們在感情中的經歷，有著驚人的相似之處。考慮到世界上有這麼多人，我們毫無疑問可以（在不影響當前伴侶的前提下）與數十人，甚至數百人建立美好的親密關係。每一段關係都會帶出我們的不同面向，也能帶給我們不同的快樂（和痛苦），並為生活創造新的刺激。不過，和就業的情況一樣，專一化有其優勢：這代表我們能專注，在穩定的環境中教養孩子，並學習妥協的智慧。

即使我們的本性更適合廣泛探索，但無論是愛情還是工作，人生都要求我們成為「專家」。因此，我們內心深處始終潛藏著許多未被開展的可能性——那些未曾得到充分發展、卻依然閃耀著吸引力的「另類人生」。

這是一個沉重的想法，但同時也帶來慰藉。我們的痛苦雖然難以承受，卻帶有一種奇特的尊嚴，因為這並非僅僅是個人的困境，而是更廣泛普遍的人性經驗。

無論是總裁或實習生，無論是藝術家或會計師，都難以倖免。每個人都會發現許多自己無法體認的快樂，在這樣的受苦中，我們才真正生而為人。

意識到為了追求專精的益處，無論如何努力，都註定有部分潛能至死不得開發後，我們才能帶著哀傷的驕傲，把工作搜尋網站從我的最愛中移除，並取消交友網站的會員訂閱。

4 與工作再次墜入愛河

雖然我們通常不會這麼說，但實際上，我們很有可能（也時常）對一份工作「一見鍾情」。這和一眼就愛上某人的經驗很類似。我們意外看見對方（有時或許只是在機場或酒吧的匆匆一瞥），然後心想：或許和這個人在一起，我就能真正感到快樂；他的髮型、穿的鞋子、顴骨的樣子、笑起來或站著的樣子……這些小小的部分集合成共同美好生活的願景。

假如我們已經有了伴侶，這種強烈的一見鍾情就很可能讓我們突然看見伴侶的不足——或許該拋下伴侶，找個更有趣的人交往？我們對於自己很熟悉，甚至感到有點無趣的伴侶，和這個充滿魅力的陌生人之間，進行了很不公平的比較。

人生經驗最終會教導我們，不要相信這類美好的白日夢。然而，我們大概得先犯錯好幾次，才能學會教訓：我們會發現，一雙好看的鞋子不一定代表穩定冷靜的個性；好的髮型也未必與聰明智慧畫上等號；笑容可愛的人也可能在關鍵時刻表現得尖酸又缺乏同理心。換句話說，我們慢慢了解到，無論一個人外表看起來多麼有吸引力，都還是會具備各式各樣惱人的特質（就像我們自己一樣）。

在工作方面也是如此。全新領域的工作可能會讓我們很興奮，我們對外在的指標及工作描述總是特別敏感。某間公司的辦公室或許特別漂亮（打蠟的地板、磚牆、提供進口礦泉水）；你注意到建築業的人們都戴著好看的眼鏡；你在派對認識的人，即將前往太平洋上的島國萬那杜（Vanuatu）擔任慈善醫療機構的後勤主管；或是某位創辦豪華文具品牌的朋友找到了新的市場。這類的觸發點都足以激起我們對工作的「一見鍾情」。

於是我們開始幻想，假如能做這些事該有多好，也因此覺得自己現在的工作乏味無趣。我們開始對自己平凡的同事和灰暗的辦公室感到不滿，也痛苦地認為沒有人會嫉妒自己的工作，或是我們無法創業，仍要為他人做牛做馬。我們以前可能以為自己還算喜歡現在的工作，但強烈的工作「一見鍾情」可能讓我們充滿失落感。

不過，痛苦的現實是，**每份工作都有其問題**，只是我們還沒清楚看見心儀工作中冗長煩悶、令人擔憂痛苦的面向罷了。

假如有機會嘗試一、兩個月，我們很快就能看清楚：擁有美麗辦公室的公司，在開除員工時毫不留情，只要連續得到兩次負評就得收拾走人。上個星期就有人關在廁所裡哭！醫療機構的後勤主管隨時都面對絕望的情勢和艱鉅的挑戰；他們得花許多時間進行賄賂和協商，努力將物資的貪腐狀況降至最低。高級文具公司老闆每天凌晨三點就醒來，努力想解決現金流的問題。戴著時髦眼鏡的人，每天都在同事背後說彼此的壞話……。

當我們開始做時，才會清楚意識到那些工作中的問題。其他工作看起來之所以迷人，是因為我們只會看見正面的部分。此外，我們對於自身工作的優點卻視而不見，忘了當初吸引我們的地方。當美好消失，剩下的就只有悲慘。相反，心儀工作的美好，陌生又鮮明，立刻激起了我們的情緒。所以，並非其他工作真的有多好，只是我們的比較方式對現有的工作太過不利罷了。

與其為一份「幻想中的完美工作」而感到痛苦，我們或許應該試著重新愛上自己現在擁有的那份「還不錯的工作」。這聽起來很奇怪，但其實這種「重新欣賞」的過程，在藝術領域中十分常見。

以「莫內的眼光」看工作

在莫內（Claude Monet）開始畫畫之前，田野就十分美好，但耕作並非光鮮亮麗的職業。不意外地，許多和莫內相同時代的人，都早已忘記鄉間田野的吸引力。或許孩童時期，他們喜歡在高高的草地上散步，但成年後草地卻只會讓他們想到泥巴、寒風刺骨的冬季清晨，或是城市通往鄉間的誤點班車。莫內所做的，就是讓我們重新用不同的觀點看見田園的美好——顏色多麼美麗、遠方藍色的薄霧多麼甜美、麥稈間的花朵多麼迷人。我們重新和一直存在、卻漸漸被我們忽視的魅力產生連結。

同樣，重新欣賞的經驗，也可以發生在一段感情關係裡。在和某人交往數年後，他們的優點變得太過熟悉，讓我們開始忽視，而他們的缺點卻被放大得令我們惱怒。但有時候，我們有機會逆轉這個過程。或許是一張初認識時的照片，提醒我們對方最初讓自己動心的優點。

我們再次注意到對方害羞的笑容、溫柔的表情和纖細的手腕（在捲起喀什米爾毛衣時會看見）。又或許，我們離家參加幾天的研討會，回家時發現他在機場等候，而這趟旅行帶來足夠的心理距離，讓我們能再次欣賞對方。又或者，我們聽說認識的人對自己的另一半抱有好感，甚至暗自迷戀時，除了些許的不爽，我們內心也會升起一種奇妙的重新發現：「**原來這就是我可能會失去的東西**。」

換句話說，我們的感知是可以被重新調整的。失去魅力並非不可逆，有時也能反向發展。我們能再次做出更正確的判斷。對於工作，我們能向莫內學習。想像一下，如果有一位偉大的藝術家來觀察我們的日常工作，捕捉其中美麗且有趣的瞬間，然後將其轉化為一幅畫作，讓我們重新看見工作的魅力，那會是什麼樣子？我們能買下這張明信片作品，貼在辦公桌上。不過，即便沒辦法如此，我們自己也能做出類似的行動。

我們可以假裝有人在訪問我們的職涯，對方問道：「你這份工作最棒的三點是什麼？」你會如何回答？當然，答案可能不會令你意外，但它會幫助我們**重新聚焦於那些一直存在，卻在日常瑣事中被忽略的優點**。

又或者，假裝有本雜誌要為我們的工作場所拍攝特輯，希望能凸顯有趣刺激的地方：他們會如何取景？這有點像是房屋仲介拍攝的照片總是讓屋主很驚訝，因為他們已經忘了自己的房子多麼美好，而他們竟然（或許有些愚蠢地）決定搬走。

一定的程度上，我們可以教導自己重新愛上目前的工作。這不會是熱戀的痴情，不會像第一次戀愛那樣認為對方（或工作）一定是理想的。這份感覺更為成熟，但依然真實。我們會很清楚其中的不完美和缺點，以及必須做出的妥協和面對的困境，但也感受到真實的優點和溫暖。

感情也時常是如此，或許幾年的爭吵後，夫妻能開始用更成熟的觀點看待彼此。他們知道對方不是夢中情人，但也知道對方總是站在自己這邊，希望給他們最好的。即便得到的或許和期望有落差，但其中的心意很真實。他們會看見對方比較低調的優點，並珍惜彼此相處更平靜的快樂。

重新愛上一份工作，代表我們了解對工作「一見鍾情」的問題，並且承認雖然沒有一份工作能完全滿足所有期待，但其中還是有許多能令我們自豪和快樂的部分。

5 夠好的，工作

有時候，告訴其他人（或自己）不要設定過高的目標，聽起來或許有些糟糕，會給人尖酸刻薄或失敗主義的感覺。

當然，有時候確實是如此。但其他時候，這卻是非常睿智又溫柔的建議，因為這能幫助我們對抗自我批判。人們時常對自己太過嚴苛，責怪自己無法達到夢想中的目標。

這種對抗心中粗暴完美主義的方式，最早由英國心理分析師唐諾．溫尼考特（Donald Winnicott）在一九五〇年代提出。威尼科特的專業領域是親子關係。在臨床經驗中，他時常遇到竭盡一切努力為孩子付出，卻感到絕望的父母親。他們憤怒又挫敗地表示，家庭生活和理想天差地別：孩子或許過度退縮或頑劣，父母或許疲憊又暴躁。所有的希望都轉變為絕望和失落。

威尼科特最關鍵的洞察是：這些父母**之所以痛苦，不是因為他們做得不夠，而是因為他們太努力了**。

為了幫助這些陷入焦慮的父母，他提出了一個美好又非常務實的概念：「夠好的家長」（the good enough parent）。

他強調，孩子們並不需要完美的家長。他們只需要還不錯、通常立意良善且溫暖又理性（不需要隨時如此）的父親或母親就可以了。這不是因為威尼科特的妥協，而是因為他意識到，如果要讓一個孩子成為一個成熟、穩健、心理健全的大人（這其實才是最艱難的目標），他們「本來就需要」適應不完美的現實，而父母也應該接受自己的普通與局限，而不是苛求自己成為不可能達到的理想。

「夠好了」的概念是為了讓我們優雅面對無法達成理想的事實，而不是消耗心神來自我懲罰。這向我們指出，許多真正重要的事都並非高高在上、完美無瑕。威尼科特想告訴所有家長，「夠好」是一種比較合理，也比較值得推崇的目標。

什麼是「夠好的工作」？

讓我們謹記威尼科特給父母親的建議，建立起對於「夠好」工作的想法吧！在夠好的工作裡，依舊會有一些無法避免的缺點：

- 它可能有些無聊，甚至時不時讓人抓狂；
- 你必須忍受一些繁瑣、令人沮喪的細節；
- 會有讓人焦慮的時刻，你可能還會被一些你不特別尊敬的人評判；
- 這份工作未必能發揮你的全部才華；
- 你可能不會賺一大筆錢，甚至時不時要在效率與品質間妥協；
- 你可能得和某些令人討厭的人保持禮貌；
- 你的好點子未必會被採納，而你的某些競爭對手可能會超越你；
- 有時候，你甚至會懷疑自己當初為何要選擇這份工作。

但即便如此，一份夠好的工作裡，一定會有許多正向特質：

- 你可能會結交幾個真正的朋友；

・有些時刻，你會發自內心地感到興奮與滿足；
・你會發現，自己的努力時常能被認可與回報；
・你會欣賞這份工作的整體價值，並理解自己和團隊的努力意義；
・大多數的日子你會帶著一絲疲憊下班，但仍然有成就感。

社會大眾或許不會歌頌你，你或許沒有機會登峰造極，你或許無法隻手改變世界，你或許得放棄許多對職涯的幻想。然而，你會知道自己在這份工作中，仍然懷抱尊嚴與榮譽，而你用更成熟穩定的心態，真實地對自己的工作懷抱足夠的愛。這，本身已經是一種偉大的成就。

作者介紹

「人生學校」（The School of Life）致力於透過文化的力量，培養人們的情商──我們相信許多長久以來的問題，都源自缺乏自我理解、同情心和溝通。我們在全世界有十間實體學校，包括倫敦、阿姆斯特丹、首爾和墨爾本等地。我們拍攝影片、開設課程、提供心理治療和許多心理相關產品。人生學校專注於發行探討文化與情感生活的書籍，這些作品旨在娛樂、啟發、撫慰人心，並帶來轉變。

國家圖書館出版品預行編目（CIP）資料

一份值得熱愛的工作……在哪裡？「人生學校」的職涯新提案，錢和快樂一起賺！／人生學校（The School of Life）著；謝慈譯 . -- 初版 . -- 新北市：方舟文化，遠足文化事業股份有限公司，2025.04
240 面；14.8 × 21 公分
譯自：A Job to Love:A Practical Guide to Finding Fulfilling Work by Better Understanding Yourself
ISBN 978-626-7596-58-6（平裝）

1.CST：自我實現　2.CST：成功法

177.2　　114001420

方舟文化官方網站　方舟文化讀者回函

職場方舟 0034

一份值得熱愛的工作……在哪裡？

「人生學校」的職涯新提案，錢和快樂一起賺！

作者　人生學校（The School of Life）｜**譯者**　謝慈｜**主編**　張祐唐｜**校對編輯**　李芊芊｜**封面設計**　張天薪｜**內頁排版**　陳相蓉｜**行銷**　林舜婷｜**行銷經理**　許文薰｜**總編輯**　林淑雯｜**出版者**　方舟文化／遠足文化事業股份有限公司｜**發行**　遠足文化事業股份有限公司（讀書共和國出版集團）　231 新北市新店區民權路 108-2 號 9 樓　電話：（02）2218-1417　傳真：（02）8667-1851　劃撥帳號：19504465　戶名：遠足文化事業股份有限公司　客服專線：0800-221-029　E-MAIL：service@bookrep.com.tw ｜**網站**　www.bookrep.com.tw ｜**印製**　呈靖彩藝有限公司｜**法律顧問**　華洋法律事務所　蘇文生律師｜**定價**　420 元｜初版一刷　2025 年 04 月｜初版二刷　2025 年 10 月